Gisela Preuschoff

Ich weiß nicht, wo mir der Kopf steht

W0189016

Gisela Preuschoff

Ich weiß nicht, wo mir der Kopf steht

Hilfe für gestreßte Mütter

Kösel

ISBN 3-466-30342-7
© 1993 by Kösel-Verlag GmbH & Co., München
Printed in Germany. Alle Rchte vorbehalten
Druck und Bindung: Kösel, Kempten
Umschlag: Elisabeth Petersen, Glonn
Umschlagmotiv: Jutta Bauer, Hamburg
 2 3 4 5 6 · 98 97 96 95 94 93

Gedruckt auf umweltfreundlich hergestelltem Werkdruckpapier
(säurefrei und chlorfrei gebleicht)

Inhalt

Vorwort

Es lag nahe, dieses Buch zu schreiben, denn ich bin eine gestreßte Mutter. Viele der Anregungen, die ich hier gebe, hätte ich vor 14 Jahren nötig gehabt, als ich mit meinem brüllenden, kleinen Baby schweißüberströmt und heulend auf der Bettkante saß.

Inzwischen ist vieles einfacher geworden – und auch natürlicher. Denn damals wurde mein Sohn noch kurz vor der Geburt von der Hebamme routinemäßig mit einer inzwischen verbotenen Spritze bombardiert und geohrfeigt, als er zu müde zum Trinken war.

Die Tatsache, daß Mütter Streß haben, ist jedoch geblieben. Es ist keineswegs einfach, heute Kinder großzuziehen. Während Managern und Angehörigen anderer Berufsgruppen allerorten Fortbildungskurse angeboten werden, sind Mütter heute doch überwiegend allein mit ihren Problemen. Und selbst wenn es in Städten gute Angebote gibt, können sie diese oft nicht wahrnehmen, weil sie kleine Kinder haben und niemand Zeit hat, auf sie aufzupassen.

Ich kenne diese Probleme sehr gut. Nach der Geburt meines ersten Kindes fühlte ich mich nervlich am Ende. Vor allem, weil ich es als meine Schuld ansah, daß unser kleiner Sohn so heftige Bauchschmerzen hatte. Damals hielt ich es außerdem für selbstverständlich, meinen Beruf nicht aufzugeben und sowohl als Mutter als auch als Lehrerin perfekt zu sein. Erziehungsurlaub gab es nicht. Für mein Baby und das meiner Freundin hatten wir eine Tagesmutter organisiert, die wir privat bezahlten. Mein Mann versorgte den Kleinen frühmorgens, war aber sonst beruflich stark engagiert. Ich litt schrecklich und heulte viel, dennoch klappte es einigermaßen und mein Sohn entwickelte sich prächtig. Mit dem Baby von damals ist er noch heute eng befreundet.

Auf mein zweites Kind freute ich mich sehr. Diesmal wollte ich alles richtig genießen und inzwischen gab es die Möglichkeit, sechs Monate nach der Geburt zu Hause zu bleiben. Trotz der enormen finanziellen Einbußen war dies ein echtes Geschenk und ich genoß die Zeit sehr. Am liebsten hätte ich nie wieder gearbeitet. Weil ich aber weder meine Stelle verlieren noch auf einen Lebensstandard mit Reisen und gesunder Ernährung verzichten wollte, fing ich wieder an zu arbeiten. Diesmal lebten wir jedoch mit einer anderen Familie zusammen und hatten in unserer Wohnung eine Babygruppe bzw. einen Kinderladen organisiert. Dies bedeutete eine große Erleichterung für uns alle und es ist wirklich schade, daß aufgrund der schlechten Wohnbedingungen nicht mehr Familien ausprobieren können, welche Bereicherung – trotz aller Konflikte – ein solches Zusammenleben darstellt. Ich bin für diese Zeit sehr dankbar und die Mitbewohner von damals sind bis heute unsere besten Freunde. Meine Kinder waren vormittags gut betreut, nachmittags war ich als Lehrerin zu Hause und daß ich abends, wenn andere fernsahen, über Heften und Vorbereitungen saß, störte mich nicht.

Auch meine Schwiegermutter hat uns in dieser Zeit viel geholfen, weil sie immer, wenn wir in Not waren, uns zur Hilfe kam. Daher war es für mich nicht allzu schwer, nebenberuflich eine Therapieausbildung anzufangen. Ich erfuhr, daß mehr Arbeit keineswegs mehr Streß bedeutet, sondern im Gegenteil sehr bereichernd und befreiend sein kann. So fühlte ich mich auch mit zwei Kindern viel besser als mit einem und die Geburt meines dritten Kindes war der Ausbildung nicht im Weg. Meine Lehrtherapeuten vom

Berliner Institut für Familientherapie freuten sich immer, wenn ich mein Baby dabei hatte – schließlich nehmen ja auch Babys und Kleinkinder an den Familientherapien teil. Es begann eine äußerst glückliche Zeit, in der ich so viel Neues lernte und Lösungen für viele Probleme entdeckte, die ich bisher für unlösbar hielt. Vor allem habe ich das Lachen über Schwierigkeiten gelernt – und das ist, glaube ich, der größte Gewinn bei einer Familientherapie, daß Menschen wieder lernen, über sich zu lachen.

Ich kann wirklich nicht behaupten, daß mein Leben einfach und ohne Schwierigkeiten und Konflikte verläuft. Aber besonders nachdem ich durch die Ausbildung in Klinischer Hypnose und NLP neue Möglichkeiten im Umgang mit mir und anderen kennenlernte, habe ich das gute Gefühl, Probleme lösen und Schwierigkeiten, ja sogar Schmerzen und Krankheiten überwinden zu können.

Ich bin der Überzeugung, daß viele Menschen, und besonders auch Frauen, überflüssigerweise Probleme und Ängste mit sich herumschleppen, von denen sie sich befreien könnten. Ich möchte deshalb auch mit diesem Buch ermuntern, sich Hilfe zu holen. Es richtet sich an Mütter – obwohl auch viele Väter Probleme haben und ich sie keineswegs um diese Rolle beneide oder gar beschimpfe. Weil ich Mütter-Probleme aber hautnah kenne, richtet sich mein Buch an Frauen. Ich möchte ihnen Mut machen! Ich weiß, daß Frauen sehr aufgeschlossen sind. Häufig wachsen sie an ihren Aufgaben. Manchmal, wenn ich etwas verbissen Geschirr spüle oder zwei schreiende Kinder gleichzeitig trösten muß, sage ich mir freundlich: »Du wirst daran wachsen.«

Tatsächlich geht es mir heute mit vier Kindern viel besser als damals, als ich jünger und unerfahrener war. Sie müssen aber deshalb nicht auch vier Kinder bekommen, um sich besser zu fühlen! Ich hoffe, es genügt, wenn Sie dieses Buch zur Hand nehmen und es sich gutgehen lassen.

Sollten Sie noch Fragen, Kritik, Ergänzungen oder Anregungen haben, können Sie sich über den Kösel-Verlag gern an mich wenden.

Einleitung:
Warum ist es so schwierig, Mutter zu sein?

Ob Frauen früher wirklich weniger geklagt haben? Ich bin mir nicht sicher. Sie hatten mehr Kinder und weniger technische Hilfsmittel. Aber die besser Situierten verfügten über Kinder- und Hausmädchen und die Armen starben so früh, daß ihnen wenig Zeit zum Klagen blieb. Ich glaube nicht, daß früher alles besser war. Jede Zeit hat ihre Probleme und Aufgaben. Jede Zeit ist voller Ideen und Lösungen.

Trotzdem wird es Ihnen genauso gehen wie mir: ab und zu bin ich fix und fertig. Ich habe versucht herauszufinden, wann es mir besonders schlecht geht: immer dann, wenn ich etwas erreichen will, was nicht möglich ist.

Heute gibt es für Frauen sehr viele Möglichkeiten. Im Prinzip können wir alles, was Männer auch können. Zum Essen Ausgehen, allein tanzen, verreisen, studieren, an Kursen und Workshops teilnehmen, lernen, arbeiten, faulenzen. Und dennoch können wir genau das alles nicht. Unsere Kinder hängen uns am Rockzipfel, es gibt zu wenig Kindergärten und kaum Kinderkrippen, unsere Männer sind abwesend und wenn wir erst einmal mehrere Kinder haben, ist sowieso für all diese Aktivitäten kein Geld mehr da.

Wir schalten den Fernseher ein und sehen die schönen schlanken und erfolgreichen Frauen. Wir blättern in Illustrierten und lächelnde junge Mannequins präsentieren das, was wir nicht haben können. Wir fangen an, uns wie Hunde zu fühlen, denen man Wurstzipfel zeigt, die sie dann aber doch nicht bekommen. Gut trainierte Hunde müssen das hinnehmen, ohne zu knurren, aber auch kleine Mädchen lernen früh, daß sie nicht alles bekommen können. Vielleicht erinnern Sie sich an die Prinzessinnen. Sie hatten zwar goldene Kugeln, Gärten, Diener, Schlösser und Rosenhecken – aber immer auch ein schwieriges Schicksal zu meistern. Aber das Schöne bei den Märchen ist: sie haben es immer geschafft!

Ich habe versucht herauszufinden, wann ich am glücklichsten war: wenn ich etwas Neues entdeckt, einen Weg gefunden oder eine Schwierigkeit überwunden habe, wenn ich mit dem zufrieden sein konnte, was ich hatte. Ein vielzitierter Spruch lautet:

> Gott gebe mir die Kraft,
> die Dinge zu ändern, die ich ändern kann,
> die Gelassenheit, die Dinge hinzunehmen,
> die ich nicht ändern kann,
> und die Weisheit,
> das eine vom anderen zu unterscheiden.

Wenn Sie kleine Kinder haben, können Sie nicht einfach abends ausgehen. Sie müssen jemand beauftragen, in Ihrer Abwesenheit auf Ihr Kind aufzupassen. Alles, was Sie tun möchten, erfordert einen mehr oder weniger großen Aufwand an Organisation und Kraft – und nicht selten auch an Geld.

Früher, wenn Frauen abends mit Handarbeiten am Feuer oder unter der Linde saßen, konnten sie sicher sein, nichts zu versäumen. Wenn Sie aber den Abend mit Ihrem Baby zu Hause verbringen, verpassen Sie jede Menge Ereignisse, an denen andere teilnehmen – und das macht schon manchmal traurig und verbittert auch. Mich hat es auch verbittert. Wie alle Verbitterten habe ich nach Schuldigen gesucht – und meinen Mann gefunden. Das Ergebnis war, daß wir viel Streit hatten. Zufriedener bin ich dadurch nicht geworden.

Sehr oft, wenn Sie sich auf dem Gipfel der Unzufriedenheit fühlen, ist es nützlich, loszulassen. Indem Sie umkehren und etwas ganz anderes tun als das, was Sie bisher gemacht haben, machen Sie eine neue Erfahrung. Etwas ändert sich, wenn Sie Ihr Verhalten ändern.

Und – ist es nicht merkwürdig, daß wir meistens mit dem, was wir haben, unzufrieden sind? Ständig jagen wir Zielen nach – aber kaum sind sie erreicht, stellt sich die bekannte Unzufriedenheit wieder ein.

Irgendwann haben Sie sich wahrscheinlich ein Kind gewünscht – Sie haben es bekommen, aber neben der Freude ist jetzt auch der Streß da. Immer wieder verspüren Sie den Wunsch, Ihr Kind los zu sein – wenigstens für eine Stunde am Tag. Andere Frauen wünschen sich sehnlichst ein Kind. Sie scheuen keine Mühe, laufen von Arzt zu Arzt und von Klinik zu Klinik. Alles vergeblich – sie werden nicht schwanger. Oder möglicherweise sind Sie gerade schwanger geworden, obwohl Sie sich eigentlich etwas ganz anderes vorgenommen hatten. Nun sind die Kinder da – rauben Ihnen Zeit, Schlaf, Nerven und Geld –, und in zwanzig Jahren sind Sie traurig darüber, daß sie aus dem Haus gehen. Vielleicht sind Sie dann dankbar, wenn sie Ihnen gelegentlich ihre Schmutzwäsche vorbeibringen und ihre Problemchen mit Ihnen bereden wollen.

Vielleicht ist es deshalb heute so schwer, Mutter zu sein, weil es so viele Möglichkeiten des Frauseins gibt.

Sie haben sich für eine Art, als Frau zu leben, entschieden. Als Mutter sind Sie nun mit einem Kind zusammen, das Sie einlädt, neue Erfahrungen zu machen und Abenteuer zu erleben, die Sie sonst niemals erleben würden. Es ist eine einmalige Chance, die sich Ihnen bietet. Sie können sie annehmen – oder auch nicht.

Vielleicht stellen Sie sich für einen Moment vor, Ihr Kind wäre nie geboren. Was würden Sie tun? Wie sähe Ihr Leben aus? Wollen Sie dieses Leben? Sie können sich für Ihr Kind jeden Tag neu entscheiden. Es gibt nichts, was Sie tun müssen. Es sind Ihre Entscheidungen.

Was macht es aber heute dann so schwer, Mutter zu sein? Die Schuldgefühle. Sie werden für alles verantwortlich gemacht und Sie sind an allem schuld. Ihr Kind schreit und schon fragen Sie sich: Was habe ich bloß falsch gemacht? Warum fühlt es sich bei mir nicht wohl?

Verabschieden Sie sich von diesen Fragen und Gefühlen so früh wie möglich. Sagen Sie laut und deutlich: *Stop* – wann immer diese Gedanken aufkommen. Nehmen Sie sofort Kontakt mit allem auf, was Sie um sich herum sehen: die Fliege an der Wand, das Marmeladenglas auf dem Tisch. Hören Sie die Geräusche um sich herum, legen Sie Ihre Lieblingsmusik auf und spüren Sie, wie sich Ihr Körper anfühlt: Ihre Brust, Ihre Beine, Ihre Füße, Ihr Magen ... Diese *Stop*-Übung können Sie immer dann ausführen, wenn Gedanken aufkommen, die Sie quälen. Trotzdem können Sie sich kurz für diese Gedanken bedanken. Sie sind ein Zeichen, ein Signal. Wenn Sie Spaß daran haben, können Sie aufschreiben, was geschah: »Lena schrie ab 22 Uhr – ich fühlte mich schuldig.«

Ihr Kind ist kein beliebig formbares Wesen, kein unbeschriebenes Blatt. Jedes Kind ist, wie sein Fingerabdruck, einmalig. Entsprechend seinen Anlagen und seiner schon in Ihrem Bauch entwickelten großartigen Ausstattung, wird es auf seine Art die Welt entdecken und sich seine Umwelt aneignen. Sie können im Grunde nichts anderes tun, als alles bereitstellen, was es für diese Entwicklung braucht. Wie ein Gärtner, der seine Tomaten gießt und düngt – der aber niemals heimlich davon träumt, daß es eines Tages Erdbeeren werden. Entsprechend können Sie nichts »falsch« machen, solange Sie das »bereitstellen«, was Ihr Kind braucht: Liebe, Zärtlichkeit, Anregung, Nahrung.

Haben Sie schon einmal von der Vorstellung gehört, ein Kind würde sich seine Eltern aussuchen? Ihr Kind hat sich Sie ausgesucht, mit all Ihren Schwächen und Fehlern. Es wußte, was Sie sind – und genau das hat es gesucht. Ein ungewöhnlicher Gedanke? Ich finde ihn sehr schön und auch sehr beruhigend.

Und noch etwas sollten Sie immer bedenken: Alle »Fehler« und Frustrationen, alle Ängste und Belastungen, die Ihr Kind im Laufe seines Lebens mit Ihnen erlebt, stellen immer auch eine Chance dar, seine Selbsthilfekräfte zu mobilisieren, es stark und unabhängig zu machen.

Viele von uns, die die »Erziehungsfehler« unserer Eltern so gründlich analysiert haben, übersehen, daß unsere eigene Tüchtigkeit und Widerstandskraft genau aus diesen »Fehlern« resultiert. Wir neigen heute dazu, unseren Kindern alle Schwierigkeiten aus dem Weg zu räumen. Stark und selbstbewußt aber werden Kinder, wenn sie sich an den »Fehlern« ihrer Eltern erproben können und Schwierigkeiten selber überwinden lernen. Ich mache Fehler – Du machst Fehler – na und? Im übrigen: wir können uns auch entschuldigen, wenn wir jemanden verletzt oder gekränkt haben.

Es ist schwierig, heute Kinder zu haben. Wenn Sie etwas anderes geglaubt haben, sind Sie einer Illusion aufgesessen. Wenn Sie aber bereit sind, sich auf Schwierigkeiten einzulassen und sie anzunehmen, werden Sie viel lernen können. Wenn Sie bereit sind, sich und Ihr Kind in Ihrer jeweiligen Eigenart zu akzeptieren und dankbar zu sein für jede neue Erfahrung, werden Sie viel erleben. Auch Schönes.

Das Leben mit Kindern ist zeitlich begrenzt. Es gleicht einer Reise voll aufregender, aber auch umwerfend schöner Abenteuer, bei der sich Ihre Wege schließlich trennen. Ihr Gepäck kann schwer oder leicht sein. Gelassenheit und Vertrauen in sich selbst möchte ich Ihnen mit diesem Buch schenken. Sie sind wertvoll und mit all dem ausgestattet, was Sie brauchen. Genießen Sie die Zeit!

I. Außer sich geraten – Streß auf Rezept

☐ Du mußt! Und wenn gleich wieder einer kommt und etwas von dir will, darfst du ihn nicht zurückweisen.

☐ Sage dir mehrmals, was du noch alles schaffen mußt und nimm zur Kenntnis, daß du das niemals schaffen kannst.

☐ Bewege dich hektisch nach dem Motto: lieber rasen als rasten und spüre, wie der Druck in deinem Kopf und an anderen Stellen deines Körpers deutlich zunimmt.

☐ Konzentriere dich ganz auf die Tatsache, daß du wieder einmal versagen wirst und viel zu viel zu tun hast.

☐ Komm ja nicht auf die Idee, jemand um Hilfe zu bitten. Es würde dir schaden und dich entlarven.

☐ Schau genau auf alle schlechten Eigenschaften deiner Kinder und sonstiger Mitmenschen und vergiß deine eigenen schlechten Charakterzüge nicht. Du kannst nichts und bist nichts! Deshalb benutzen dich alle als Fußabtreter!

☐ Stelle zum wiederholten Mal fest, daß niemand dir hilft und verallgemeinere wie folgt: *alle* lassen mich im Stich! *Keiner* hilft mir! Bald breche ich zusammen.

☐ Sorge dafür, daß sich diese Gedanken unablässig in deinem Kopf im Kreis drehen.

☐ Entdecke, daß du eine schlechte Mutter bist! Du hast schuld! An allem!

II. Was soll ich bloß tun?
Denkanstöße, Übungen, Vorschläge

»Ich weiß nicht, wo mir der Kopf steht!«
Wege aus dem Streß

Natürlich wissen Sie ganz genau, was Streß ist. Diese Alltagsszene kommt Ihnen sicherlich bekannt vor:
Sie schleppen sich gerade mit zwei schweren Taschen die Treppe hoch, da brüllt Ihr kleiner Sohn los, daß er auf den Arm will. Ihre größere Tochter muß mal. Schwitzend schließen Sie die Tür auf und bemerken, daß das Telefon klingelt. Ein Herr von der Sparkasse will irgendwas, Sie verstehen aber nichts, weil Ihr Sohn immer noch brüllt, Sie versprechen, später wieder anzurufen und stellen erst einmal die Sachen in den Kühlschrank. Sie bemerken dabei jedoch eine Pfütze – der Kühlschrank ist kaputt. Und während Sie ins Bad stürzen, um einen Wischlappen zu suchen, sehen Sie, daß Ihre so ruhige Tochter gerade dabei ist, sich von Kopf bis Fuß dunkelblau zu schminken, während Ihr brüllender Sohn gerade vor Wut einen Blumentopf herunterreißt.
Streß! Aber – bemerken Sie ihn überhaupt?
Wenn Sie nicht mehr wissen, wo Ihnen der Kopf steht, beginnen Sie mit einem kleinen Schritt. Bemerken Sie den Streß, nehmen Sie ihn zur Kenntnis und geben Sie ihm vielleicht einen Namen. Herr oder Frau Streß? Wie sieht er oder sie aus? Sie können sich auch ein Symbol für ihn suchen. Eine spitze Nadel? Ein rotes Tuch? Lassen Sie sich

etwas einfallen, was wirklich gut paßt und tragen Sie es mit sich herum, bis Sie es nicht mehr brauchen.

Dieser Fetzen Stoff – oder was immer es ist – soll Sie daran erinnern, daß es etwas gibt in Ihrem Leben, das Streß heißt und Sie gelegentlich oder häufig besucht. Sie können ihn oder sie aber auch wieder loswerden. Genau wie jeden ungebetenen Gast. Wie? Auf Ihre eigene Art. Ich zeige Ihnen ein paar Möglichkeiten. Wichtig ist dabei zu wissen, daß es niemand gibt, der die Dinge für Sie regeln kann. Aber Sie selber können eine Menge tun.

Was ist eigentlich Streß? Zunächst einmal ist Streß ein Sammelbegriff für belastende Umstände. Belastende Umstände können als Reize betrachtet werden, die eine bestimmte Reaktion auslösen. Sie hören das Gebrüll Ihres Sohnes (Reiz) und fühlen, wie Ihnen der Schweiß ausbricht (Reaktion).

Warum aber geraten Sie ins Schwitzen? Keineswegs lösen nur äußere Umstände Streß aus, sondern auch unsere Gedanken und Gefühle, auf die Ihr gesamter Organismus reagiert. Welche Gedanken und Gefühle rasen Ihnen durch den Kopf, während Sie das Brüllen Ihres kleinen Sohnes hören? Die Schweißtropfen und all die anderen körperlichen Streßsymptome sind Warnsignale. Sie alarmieren uns, etwas zu verändern, um den Belastungen standhalten zu können. Unsere Vorfahren mußten bei drohender Gefahr einfach davonlaufen oder sich dem Kampf stellen. Heute jedoch haben wir eine Fülle von Möglichkeiten. Streß hat jeder. Aber wie wir damit umgehen, ist höchst unterschiedlich. Das haben Sie selber erfahren. Manchmal genügt eine Kleinigkeit, um uns in blanken Streß zu stürzen. Das ist vor allem dann der Fall, wenn wir schlecht geschlafen haben, Ärger in uns fühlen oder unter Druck stehen. Zu anderen

Zeiten bringen uns nicht einmal schwerwiegende Ereignisse aus der Ruhe – ja, wir merken vielleicht nicht einmal, wie groß die Belastung ist. So geht es jungen Leuten in der Disco oder Menschen, die sich frisch verliebt haben.

In Streßsituationen fühlen wir uns von der Umwelt bedroht. Inwieweit wir eine Situation als bedrohlich erleben, ist eine Frage unserer Interpretation. Wir machen uns normalerweise wenig Gedanken über zu viel Kaffee, Alkohol und Nikotin. Obwohl diese Produkte tatsächlich unsere Gesundheit bedrohen, erleben wir dies nicht so. Wir genießen ganz streßfrei!

Einem auf eine bestimmte Ordnung festgelegten Menschen macht ein unaufgeräumtes Kinderzimmer dagegen schon so viel Streß, daß er die Nerven verliert. Dieser Mensch sieht dann nichts anderes mehr als das Chaos. Dabei sitzt vielleicht mitten drin ein glückliches Kind?

Beobachten Sie sich in der nächsten Streßsituation ganz genau. Welche Symptome tauchen auf? Schreiben Sie alle Symptome auf:

weiche Knie	Kurzatmigkeit
Angstgefühl	Gedächtnisverlust
Schwitzen	Schlafstörungen
Herzrasen	Zittern
Muskelzucken	Nackenschmerzen
Rückenschmerzen	Hitzewallungen
Verspannungen	Unruhe
Kopfschmerzen	Krämpfe
Magenschmerzen	depressive Gefühle
Schwindelgefühl	Sonstiges

Gehen Sie jetzt die Liste mit Ihren Symptomen durch und überlegen Sie, was Sie statt dessen hätten tun können bzw. wie eingeschränkt Ihre Wahrnehmung war. Sie haben zum Beispiel *Kurzatmigkeit* geschrieben und sagen sich: Ich habe nicht wahrgenommen, daß ich langsam und tief atmen kann. Und was sagen Sie sich bei Kopfschmerzen? Die kann ich doch gar nicht beeinflussen! Oder Schwindelgefühle? Versuchen Sie einmal, genau diese Symptome zu verstärken! Schaffen Sie es, sich noch schwindeliger zu fühlen? Gelingt es Ihnen, noch mehr Kopfschmerzen zu produzieren? Wie fühlte sich Ihr Kopf an, bevor der Streß losging?

Stellen Sie sich noch einmal die vorhin beschriebene Szene mit den Einkaufstaschen vor. Wie wäre es, wenn Ihr Lieblingskomiker in diesem Film mitspielte?

Ihr Symbol (Scherbe, rotes Tuch o.ä.) erinnert Sie an den ersten Schritt, den Sie tun müssen, um aus dem Streß herauszufinden. Der erste Schritt ist immer der wichtigste: Stellen Sie fest, daß Sie gerade Streß erleben. Gibt es Vorwarnsignale, die Sie vielleicht übersehen haben? Zeichen, die Ihnen sagen: Gleich ist es so weit? Diesen Moment davor müssen Sie genau studieren. Es wird in Zukunft der goldene Moment sein, der Ihnen hilft, Kontrolle zu bewahren, sich nicht hilflos zu fühlen.

Notieren Sie zu den körperlichen Symptomen Ihre Gedanken und Gefühle. Welche Bilder steigen in Ihnen auf? Was hören Sie? Welche Stimmen reden auf Sie ein? Was sagen sie? Das nächste Mal, wenn Herr Streß Sie besuchen kommt, können Sie ihn wie einen alten Bekannten begrüßen: »Aha! Meine Backen werden rot, mein Herz rast. Eine schrille Stimme sagt mir: Du schaffst es nicht! Es ist zu viel! Jetzt wird mein Mund fest und mein Gesicht hart ... ich kämpfe gegen die Stimme an ...«

Wenn Sie sich all dies bewußt gemacht haben, machen Sie etwas sehr einfaches: Achten Sie einfach auf Ihren Atem. Atmen Sie langsam und tief ein und aus. Nehmen Sie Ihren Atem wie einen Spazierstock, der Sie beim Wandern unterstützt, oder wie ein Geländer, das Ihnen hilft, eine schwierige Treppe Schritt für Schritt hinunterzusteigen. Atmen Sie tief in Ihren Bauch hinein und konzentrieren Sie sich ganz auf Ihren Atem. Wenigstens für eine Minute. Sie können sich freundlich zureden: »Eins nach dem anderen!« Oder: »Ganz ruhig, meine Liebe. Was du nicht schaffst, bleibt eben liegen.« Entscheiden Sie jetzt, was Sie zuerst tun wollen, was später, Schritt für Schritt.

Vielleicht ist es günstig, die Einkaufstaschen abzustellen und Ihren Sohn auf den Arm zu nehmen. Vielleicht ist es Ihnen auch möglich zu lächeln, wenn Sie merken, wie hart Ihr Gesicht geworden ist. Vielleicht müssen Sie aber auch weinen. Weinen ist gut gegen Streß. Sie können alles aus sich herausweinen und Sie werden sehen, daß Ihre Kinder kommen und Sie trösten. Gönnen Sie sich eine Ruhepause nach dem Motto: »Meine Damen, es eilt, setzen wir uns!« Oder nach dem Satz von Lao-tse: »Tue nichts – und alles ist getan.«

Sie können sich auch aufmunternde Sätze sagen wie: »Von dem Gebrüll und dem kaputten Kühlschrank abgesehen geht es mir gut.«

Rückblickend betrachtet: Was hätten Sie gern anders gemacht? Wie haben Sie es geschafft, das nicht zu tun? Wie könnten Sie sich in Zukunft verhalten? Sie sollten sich auch fragen, welche Vorteile solche Streßsituationen haben. Wollen Sie den Streß wirklich loswerden? Könnten Sie das, wofür der Streß gut ist, auch auf andere Art erreichen?

Versuchen Sie, sich in der Wohnung einen Raum oder wenigstens eine Ecke, einen Platz für sich allein einzurichten. Einen Ort, an dem eine Blume steht, wo Sie durch ein Fenster nach draußen schauen oder etwas sehen, was Sie wirklich mögen.

Setzen Sie sich an diesen Ort, wenn die Wellen zu hoch schlagen und atmen Sie tief in den Bauch hinein.

Wußten Sie, daß Atem – Prana – Lebenskraft bedeutet? Durch den Atem können Sie sich alle Kraft zurückholen, die Sie brauchen. Wenn es Ihnen gelungen ist, ruhig zu atmen, lenken Sie Ihre Aufmerksamkeit auf Ihre Umgebung, auf alles, was darin schön und in Ordnung ist und Sie trösten kann.

Diese einfache Übung – atmen und aufmerksam sein – können Sie jederzeit durchführen – auch beim Abwaschen oder Aufräumen. Sie können sich sagen, daß Sie zwar Besuch von Herrn Streß hatten – *Sie* aber nicht der Streß sind.

Probieren Sie auch folgende Übung, die den Streß förmlich abschüttelt wie ein Hund sein nasses Fell. Stellen Sie sich aufmerksam mit leicht auseinandergestellten Beinen hin und beugen Sie Ihren Oberkörper nach vorn. Lassen Sie ihn ganz locker hängen, so daß die Hände zur Erde zeigen. Dann schütteln Sie sich, schütteln Sie alle Last von Ihren Schultern. Schütteln Sie alles ab, was Sie auf dem Buckel haben und was auf Ihnen lastet. Schütteln Sie es ab und übergeben Sie es der Erde. Atmen Sie jetzt ruhig und spüren Sie die Kraft der Erde, in die Sie hineinatmen. Nun richten Sie sich langsam vom Steißbein her auf und spüren Sie die Kraft, die die Erde Ihnen geben kann. Stellen Sie sich dabei vor, Sie tragen in Ihren Armen ein Kraftbündel, das Sie jetzt, voll aufgerichtet, mit nach oben leicht gespreizten Armen (wie ein V) dem Himmel übergeben. Atmen Sie tief und fühlen Sie dabei das belebende Prickeln in Ihren Händen. Sie stehen jetzt sozusagen unter einer Energiedusche. Wiederholen Sie die Übung mehrmals. Zum Schluß heben Sie beide Hände in die Höhe Ihres Herzens. Halten Sie Handfläche gegen Handfläche, aber so, daß sie sich nicht berühren. Achten Sie aufmerksam auf den freien Raum zwischen Ihren Handflächen. Können Sie die Energie spüren, die hier fließt? Diese Energie ist eine heilende Kraft. Mit ihr können Sie Ihre Kinder und alle, die Sie lieben, trösten und heilen.

Gibt es eine Stelle in Ihrer Wohnung, wo Sie sich besonders oft ärgern und Sie in Streß geraten? Hängen Sie hier ein Bild auf, das Sie mögen und das eine beruhigende Wirkung auf Sie hat. Wann immer Herr Streß zu Besuch kommt – betrachten Sie das Bild.

Eine in die Duftlampe gegebene Mischung ätherischer Öle oder auch nur einige Tropfen eines der angegebenen Öle beruhigen und entspannen. Im Herbst oder Winter können Sie sie auch in ein feuchtes Taschentuch geben und auf die Heizung legen.

Ätherische Öle, die beruhigen:

   Melisse
   Lavendel
   Rose
   Basilikum
   Neroli
   Ylang-Ylang
   Vanille
   Angelika
   Römische Kamille

Wenn Sie neue Kraft schöpfen wollen, Sie sich also eher erfrischen als beruhigen wollen, können Sie folgende Öle verwenden:

Zitrone
Mandarine
Rosmarin
Wacholder
Pfefferminz
Muskatnuß
Kiefer

Lavendelöl, Rosenöl, Neroliöl und Kamillenöl eignen sich auch als Badezusätze für Kinder.

Wie wäre es, wenn Sie mitsamt Ihren Kindern in die Badewanne steigen?

Übungen zur Entspannung

Mutter sein ist ein sehr belastender Beruf. Managern wird empfohlen, sich Entspannungs- und Meditationsübungen zu unterziehen. Ich bin sicher, Ihnen würde dies genauso guttun. Es gibt verschiedene Meditationsschulen oder -richtungen und Entspannungsmethoden. Wählen Sie die aus, die für Sie geeignet erscheinen. Wenn Sie auf Dauer zur Ruhe und zu sich kommen wollen, müssen Sie sich jeden Tag ein bißchen Zeit für diese Übungen nehmen.

Yoga

Yoga bedeutet vereinigen, das heißt die Trennung von Körper und Geist aufheben, die Illusion von Raum, Zeit und Ursache überwinden. Yoga ist eine jahrtausendealte Wissenschaft vom Leben. Ein Teil des Yoga besteht aus Körperübungen, Hatha-Yoga, die medizinisch nachweisbar gegen Streß, Schlaflosigkeit und Angst wirken. Yoga ist sicherlich die älteste und für mich mächtigste Form zu innerer Harmonie und Frieden. Die Übungen helfen, sich als ein vollkommenes Ganzes zu erfahren, unabhängig davon, wie fit oder abgespannt man sich im Moment fühlt. Sie vergrößern die Konzentration und Bewegungsfähigkeit und führen uns weg vom rastlosen Tun zu einem In-sich-selbst-Ruhen, weil bei jeder Übung Körper und Geist angesprochen werden.

Lassen Sie sich nicht von Fotos abhalten, die Menschen in sehr verschränkten Stellungen zeigen, von denen Sie befürchten, daß Sie sie niemals einnehmen können. Yoga ist kein Leistungssport! Jeder kann Yoga praktizieren – sogar Patienten im Rollstuhl.

Sicherlich gibt es auch in Ihrer Stadt Yoga-Kurse. Wenn Sie die Wahl zwischen verschiedenen LehrerInnen haben, schauen Sie sich verschiedene an und wählen Sie die Person, die Ihnen am besten entspricht.

Wenn Sie keinen Kurs besuchen können, empfehle ich Ihnen, es mit einer Kassette zu versuchen. Helen K. Gümpel vom Yoga Atelier, Löwenstr. 33B, 2000 Hamburg 20, verschickt Kassetten, mit denen ich gute Erfahrungen gemacht habe.

Meditation

Meditation ist eine uralte Methode der Versenkung in sich selbst, die seit den Anfängen der Menschheit auf verschiedene Art und Weise geübt und praktiziert wurde. Sie diente Menschen, die Dinge zu sehen, die der wache Verstand nicht sehen kann und dies bedeutete auch, mit Göttern in Kontakt zu treten. So unterschiedlich die Vorstellungen von höheren Wesen auch waren – über alle Jahrtausende hat sich Meditation in vielen Kulturen der Welt erhalten. Eine neue Generation von MeditationslehrerInnen hat bewiesen, daß Gesundheit und Lebensfreude wiedergewonnen werden können, auch wenn sich Menschen krank und niedergedrückt fühlen. Meditation ist Innehalten, sich auf die Mitte konzentrieren, bewußt auf Körper und Seele achten. Man muß weder religiös sein noch auf einen Guru hören, um zu meditieren. Auch Sie können einfach so und schon heute damit anfangen. Wenn es Ihnen leicht fällt, sich einfach hinzusetzen, es sich bequem zu machen, still zu werden und auf den Augenblick zu achten, meditieren Sie bereits.

Wahrscheinlich aber sind Sie ständig »auf dem Sprung« – gleich könnte Ihr Kind aufwachen, das Telefon klingeln, jemand etwas von Ihnen wollen. Wählen Sie deshalb eine Zeit, in der Ihr Kind sicher schläft oder sprechen Sie mit älteren Kindern ab, daß Sie eine halbe oder eine Stunde ganz für sich brauchen. Möglich ist natürlich auch, Ihre Kinder miteinzubeziehen.

Jon Kabat-Zinn beschreibt in einem sehr lesenswerten Meditationsbuch eine Methode, die er praktiziert hat, während er nachts seinen Säugling auf dem Arm trug: die Geh-Meditation. »Tatsache war nun mal, daß ich wach sein mußte, und so beschloß ich, gleich richtig wach zu sein – mit anderen Worten: aus dem bloßen Aufundabgehen eine echte Aufmerksamkeitsmeditation zu machen. Oft hatte ich geglaubt, Stunden so durch die Nacht zu marschieren; indem ich das Ganze nun als bewußte Übung betrachtete und praktizierte, fiel es mir viel leichter. Meditieren wollte ich ja ohnehin, und außerdem brachte mich diese Zeit in besonders engen Kontakt zu meinen Kindern, da ich den kleinen Körper auf meinen Schultern oder in meinem Arm bewußt in mein Aufmerksamkeitsfeld einbeziehen und unser beider Atem beobachten konnte. Wenn

ein Elternteil meditiert, kann das sehr beruhigend und tröstend sein für ein Kind, das spürt, wie Liebe und Zuspruch von einem Körper zum andern fließen.« (Jon Kabat-Zinn, S. 119.)
Suchen Sie sich für die Geh-Meditation einen Ort, an dem Sie ungestört auf und ab gehen können. Achten Sie dabei entweder auf die Empfindungen in Ihren Füßen oder auf Ihren Atem. Es spielt keine Rolle, ob Sie schnell oder langsam gehen, wählen Sie Ihr eigenes Tempo – aber richten Sie Ihre Aufmerksamkeit nur auf den Atem – oder auf Ihre Füße. Das hört sich leicht und einfach an – wenn Sie es ausprobieren, werden Sie merken, wie schwierig es ist, mit der Aufmerksamkeit mindestens zehn Minuten bei Ihren Füßen zu bleiben und nichts zu tun als auf und ab zu schreiten und sozusagen von Augenblick zu Augenblick bewußt im Einklang mit sich auf der Erde zu wandeln.

Eine andere Methode, die Sie mit Ihren Familienangehörigen und natürlich auch allein praktizieren können, ist das *Malen von Mandalas*. Kindern macht das zwischen fünf und zwölf Jahren großen Spaß. Mandalas sind Muster (das Wort kommt aus dem Sanskrit und bedeutet ein Diagramm-Kreis oder Viereck, das geistige Zusammenhänge versinnbildlicht), deren Betrachtung Entspannung bewirken kann. Menschen aller Kulturen haben sich solche Muster ausgedacht, sie kommen aber auch in der Natur vor: Schneeflocken, Rosenblüten, Schneckenhäuser, der Aufbau von Atomen – sie alle sind Mandalas. Ihnen gemeinsam ist ein Punkt, der Mittelpunkt, als Symbol für Einheit, Ganzheit und Vollkommenheit. Mandalas können als Hilfsmittel dienen, um zu dieser Mitte zu gelangen. Kindern kann man altersentsprechend etwas über Herkunft und Sinn dieser Symbole erzählen, sie herausfinden lassen, ob es einen Unterschied macht, von innen nach außen oder von außen nach innen zu malen und wie die Farbwahl die Muster beeinflußt. Beim Malen darf niemand sprechen, alle Aufmerksamkeit richtet sich auf den Augenblick, auf Farbe und Muster. Es ist wichtig, mit Kindern bestimmte Regeln zu vereinbaren, an die sie sich freiwillig halten – oder sie können nicht mitmachen. Hinterher darf wieder geredet und über das Erlebte gesprochen werden.

Wenn Sie vorgegebene Muster nicht mögen, können Sie auch ein großes Papier befeuchten und mit dem Pinsel Wasserfarben darauf zerfließen lassen. Auch hierbei geht es um nichts anderes als die Aufmerksamkeit, die nur dem Augenblick gilt.

Die traditionelle indische Meditation benutzt *Mantras* (das sind heilige Silben, Wörter oder Sätze), die im Geist wiederholt werden. Diese Laute beeinflussen nachgewiesenermaßen unseren Geist. Die heiligste Silbe der Yogis ist OM, das man allerdings in Sanskrit gesehen haben muß, um auch die grafische Symbolik entschlüsseln zu können. OM gilt als Wurzel aller Töne und Buchstaben. Das O wird tief im Körper erzeugt und langsam nach oben gezogen, um sich mit dem M zu vereinigen, die Resonanz erfaßt den ganzen Kopf. Wenn Sie es schaffen, dieses OM zwanzig Minuten lang auf diese Weise zu wiederholen, spüren Sie eine deutliche Veränderung und Sie fühlen sich entspannter.

Aus der Hypnose abgeleitet ist das *autogene Training*, das ebenfalls mit Sätzen und Selbst-Induktionen arbeitet. Sie sagen sich zum Beispiel in einem entspannten Zustand immer wieder im Geist: »Ich bin stark und entspannt.«

Sehr einfach und leicht zu praktizieren ist für mich eine Art *Selbsthypnose*, bei der ich mir zunächst vier Sätze über das sage, was ich sehe: Ich sehe den Tisch, ich sehe die Blume usw. Dann vier Sätze über das, was ich höre: Ich höre ein Auto, ich höre eine Fliege usw. und vier Sätze über das, was ich fühle: Ich fühle ein Jucken auf der Backe, ich fühle meine Füße auf dem Boden, ich fühle meine Hände warm auf den Oberschenkeln. Danach drei Sätze mit ich sehe, ich höre, ich fühle, dann zwei, zuletzt einen und danach richten Sie Ihre Aufmerksamkeit nach Innen, in Ihre Mitte.

Eine für mich sehr wohltuende und nützliche Übung ist der sogenannte *Body-Scan*, eine Übung, in der Sie im Geist Ihren Körper abtasten. Er wird im Liegen ausgeführt und kann Ihnen auch nachts nützlich sein, wenn Sie Schwierigkeiten beim Einschlafen haben.
Sie legen sich auf den Rücken, die Arme locker neben den Körper, die Beine leicht auseinandergelegt. Sie beginnen nun, die Zehen Ihres linken Fußes zu spüren und diese im Geist ganz genau abzutasten, während Sie Ihren Atem unbeirrt und ruhig genau in die Zehen Ihres linken Fußes lenken. Versuchen Sie, alle Empfindungen wahrzunehmen und achten Sie ganz auf Ihre linken Zehen und Ihren Atem. Nun tasten Sie im Geist Ihren Fuß und dann das Bein aufwärts bis zum Becken ab. Von hier aus lenken Sie den Atem wieder hinab in das rechte Bein und dann hinunter bis in die rechten Zehen. Von dort tasten Sie sich gedanklich weiter vor bis ins Becken und weiter aufwärts durch den

Rumpf, die Lenden, den Bauch, durch Ihr Kreuz und Ihre Brust bis hinein in die Schultern. Von den Schultern aus atmen Sie gleichzeitig in die Finger beider Hände hinein und von dort durch beide Arme gleichzeitig aufwärts in die Schultern. Jetzt tasten Sie gleichmäßig atmend Ihren Hals ab, das Gesicht, den Hinterkopf und den Scheitel, wo Sie wie ein Wal durch ein vorgestelltes Loch ein- und ausatmen. Lassen Sie jetzt den Atem vom Scheitel bis zur Sohle durch sich hindurchfließen.

Stellen Sie sich vor, Ihr Atem würde durch ein Loch in Ihrem Kopf in Sie hineinströmen und durch die Zehen wieder austreten. Atmen Sie ruhig und ohne Eile und genießen Sie den Zustand, solange Sie mögen.

Erst wenn Sie innerlich bereit sind, kehren Sie wieder in Ihren Körper zurück, orientieren Sie sich langsam im Raum, bevor Sie allmählich zu Ihren Alltagsbeschäftigungen zurückkehren.

Zum Schluß noch ein paar Tips:

Es gibt ein reichhaltiges Angebot an Meditationsmusik. Probieren Sie aus, ob Musik Ihnen hilft, zu sich zu kommen oder ob sie Sie eher ablenkt.

Wenn Sie sich bestimmte Übungen aus dem Yoga oder auch Body-Scan nicht merken können, stellen Sie sich eine Kassette mit Ihren eigenen, langsam gesprochenen Anweisungen her.

Kombiniert mit einer Musik, die Ihnen gefällt, können Sie auch eine Phantasiereise aufnehmen und mit dieser Kassette dann täglich üben. Der Text könnte etwa so aussehen: (... bedeutet Pause)

Ich mache es mir wirklich bequem ... und finde die beste Lage, in der sich mein Körper wohl fühlt ... während ich beginne, auf meinen Atem zu achten und mich mehr und mehr zu entspannen ... Ich spüre meinen Rücken auf der Unterlage und atme tief in den Bauch hinein, ein und aus ... ein und aus ... Ich sinke tiefer in die Unterlage und genieße es, getragen und gehalten zu werden, während mein Atem ruhig aus- und wieder einfließt ... Und mit jedem Einatmen nimmt mein Körper Energie auf, die ich brauche, um alle meine Aufgaben mit Leichtigkeit zu bewältigen ... und mit jedem Ausatmen blase ich alle Spannungen, allen Ärger und alle Anstrengungen aus mir heraus ... und während ich atme, entspanne ich mich tiefer und tiefer und fühle mich angenehm ... leicht (oder schwer). Und während ich hier entspannt liege (oder sitze: bitte benutzen Sie die Worte, die für Sie passend sind!), begebe ich mich an einen Ort, an dem ich mich einmal besonders wohl gefühlt habe. Ich sehe ... (nun beschreiben Sie Ihren Ort) ich höre ... ich rieche ... ich fühle ... meine Bewegungen sind ... Ich fühle mich ... und während ich an diesem angenehmen Ort bin und mich mehr und mehr entspanne, erlaube ich, daß dieses angenehme Gefühl meinen ganzen Körper ausfüllt, wie sich jede Zelle meines Körpers mehr und mehr entspannt ... Hier kann ich genießen und entspannen, einfach dasein ... Ich fühle mich (beschreiben Sie, wie Sie sich fühlen und prägen Sie sich diesen Satz als persönlichen Merksatz ein). Ich fühle mich (wiederholen Sie diesen Merksatz mehrmals im Geist) und genieße ...

Und wenn ich bereit bin, kehre ich allmählich wieder zurück, wissend, daß ich jederzeit an meinen Ort zurückkehren kann, jederzeit an meinen Ort ...

Und ich werde wacher und wacher, ich fühle mich erfrischt und entspannt ... ich dehne und strecke mich und genieße, wieder wach und ganz da zu sein.

Diese Kassette muß in keiner Weise perfekt sein. Wichtig ist, daß Sie langsam sprechen und Worte benutzen, die Ihrer Sprache entstammen und zu Ihnen passen. Atmen Sie in die Pausen hinein – tief ein und aus – und fahren Sie dann fort. Probieren Sie die Kassette aus und ändern Sie gegebenenfalls den Text noch einmal ab.

Natürlich können Sie auch eine Entspannungskassette kaufen. Eine gekaufte Kassette wird allerdings niemals so auf Sie abgestimmt sein, wie Ihre eigene.

»Bin ich an allem schuld?«
Vom Umgang mit Gefühlen

Es gibt sehr viele Gefühle und sie sind alle nützlich und gut, auch wenn wir uns mit manchen schwertun und unter ihnen leiden. Es gibt auch typische Muttergefühle. Zu ihnen gehören neben Liebe und Glückseligkeit vor allem Wut, Trauer, Schuld und ein Gefühl der Leere, des Ausgesaugtseins.

Gefühle sind Wegweiser auf dem Weg durchs Leben, sie wollen uns etwas zeigen, uns helfen, damit wir uns zurechtfinden. Beachten Sie alle Ihre Gefühle. Nehmen Sie sie dankbar an. Es sind Signale, die Ihnen Ihre Seele gibt. Wenn Sie Ärger, Wut, Trauer, Neid oder Schuld spüren, sagen Sie sich immer wieder:»Danke für dieses Signal. Und: Ich habe dieses Gefühl, *aber ich bin es nicht.*« Niemals sind Sie ein Gefühl!

Jedes Gefühl läßt sich in sein Gegenteil verkehren und diese Gegensatzpaare gehören zusammen. Nur wer liebt, kann Haß empfinden. (Daher geschehen die meisten Verbrechen im Kreis der Familie). Und wer richtig fröhlich sein kann, wird auch mal schrecklich traurig.

Wichtig ist immer wieder: Sie haben das Gefühl – aber Sie sind es nicht. Und vor allem: Sie können Ihr Gefühl auch wieder loswerden, wenn es Ihnen nicht mehr gefällt.

Sicherlich haben Sie schon bemerkt, daß Ihre Gefühle mehr Macht über Sie haben als Ihr Verstand. Ihr Verstand sagt Ihnen: Sei liebevoll und freundlich. Trotzdem brüllen Sie Ihr Kind an.

Aber so, wie wir Gefühle unbewußt selber produzieren, können wir sie auch loswerden. Schauen wir zunächst auf die Botschaften jener Gefühle, die wir lieber nicht hätten. Als Beispiel nehme ich das Schuldgefühl, das fast alle Mütter immer wieder einmal quält.

Schuldgefühle signalisieren uns, daß wir unsere Werte verletzt haben. Es lohnt sich, über den Begriff Werte nachzudenken und zu »tagträumen«. Darunter verstehe ich hier: Welche Bilder steigen in Ihnen auf, wenn Sie den Begriff »Werte« hören? Was sehen Sie und welche Stimmen hören Sie in Ihrem inneren Ohr? Schauen Sie sich diese Bilder und Stimmen genau an. Sehen Sie Ihren Vater mit drohendem Zeigefinger? Den Pfarrer auf der Kanzel? Sehen Sie die Augen von Gott-Vater auf sich gerichtet – so, wie Sie ihn sich als kleines Mädchen vorgestellt haben?

Oder sehen Sie Ihre abgearbeitete Mutter? Oder Ihre leichtlebige Mutter, die sich kaum um Sie gekümmert hat? Sehen Sie die Werbeplakate des Familienministers von glückstrahlenden Familien? Sehen Sie die Fernsehfamilie von gestern abend, die Sie so neidisch macht?

Lehnen Sie sich einen Augenblick zurück und lassen Sie ein Bild in sich aufsteigen, das »Die gute Mutter« heißt.

Woher kommt dieses Bild?
Lieben Sie diese Frau?
Sind Sie ihr genaues Gegenteil?
Möchten Sie ihr Abbild werden?
Warum sind Sie anders als sie?
Worin sind Sie sich ähnlich?

Lassen Sie als nächstes »Die schlechte Mutter« vor Ihrem inneren Auge antreten.

Woher kommt dieses Bild?
Hassen Sie diese Frau?

Könnten Sie ihr helfen?
Was fehlt ihr?
Was würde ihr guttun?
Wie könnte sie es bekommen?

Nehmen Sie diese schlechte Mutter in den Arm und trösten Sie sie. Geben Sie ihr das, was sie braucht und spüren Sie, wie sie sich verändert.
Wie hört sich die Stimme an, mit der Sie sie trösten? Ist sie laut oder leise, hoch oder tief, schnell oder langsam?
Wenn Sie glauben, etwas falsch gemacht zu haben – woran merken Sie das?
Welche Stimme sagt Ihnen: Das war falsch. Du bist schlecht?
Wie hört sich diese Stimme an? Hoch oder tief? Laut oder leise? Schnell oder langsam?
Korrigieren Sie diese Stimme in sich. Schreiben Sie ihr vor, was sie statt dessen sagen soll. Zum Beispiel:
»Was ich eben getan habe, war nicht gut. Deshalb bin ich noch lange nicht schlecht! Jeder Mensch macht Fehler. Sie sind dazu da, um daraus zu lernen. Außerdem kann ich mich entschuldigen. Ich werde daraus lernen.«
Oder: »Das war gar nicht falsch. Ich darf meine Wut auch meinem Kind zeigen. Ich muß nicht perfekt sein! Mein Kind muß wissen, daß auch ich Grenzen habe. Später werden wir uns vertragen. Eine wichtige Erfahrung für uns beide.«
Cameron-Bandler und Lebeau, zwei Lehrer in Neurolinguistischem Programmieren (NLP), haben versucht, Gefühle in ihre Bestandteile zu zerlegen, ähnlich einem Kuchen, dessen Zutaten man untersucht. Sie haben folgende Komponenten gefunden:

Zeitrahmen
Modalität
Intensität
Vergleich
Tempo
Kriterien
Chunkgröße

Diese »Gefühlszutaten« will ich im folgenden näher beschreiben.

Mit *Zeitrahmen* sind Vergangenheit und Zukunft gemeint, auf die unsere Gefühle oft Bezug nehmen. Angst zum Beispiel beinhaltet die Vorstellung von einer unerwünschten zukünftigen Möglichkeit, während sich Schuldgefühle und Bedauern auf die Vergangenheit beziehen.

Oft ist es hilfreich, den Zeitrahmen zu ändern, wenn Sie von einem Gefühl überwältigt werden. Wenn Sie sich enttäuscht und erschöpft fühlen, kann es wirksam sein, gedanklich an den letzten schönen Ferientag zurückzukehren oder in die Zukunft vorauszueilen, in der wir uns dieses bestimmten Problems, das die Gefühle verursacht, entledigt haben werden.

Die *Modalität* sagt etwas darüber aus, wie wir an die Dinge herangehen. Ist etwas notwendig, möglich, unmöglich oder wünschenswert? Verantwortungsgefühl ist beispielsweise sehr stark von der Überzeugung abhängig, daß etwas getan werden *muß*. Gestreßte Mütter haben oft zu viel Verantwortungsgefühl. Sie halten immer sich für diejenigen, die etwas tun müssen. Gäbe es vielleicht auch jemand anderen, der diese Aufgabe übernehmen könnte? *Muß* es wirklich diese Aufgabe sein?

Kinder und Jugendliche dagegen haben oft zu wenig Verantwortungsgefühl. Das hängt einmal damit zusammen, daß viele Menschen ihnen bestimmte Aufgaben nicht zutrauen und nicht davon überzeugt sind, daß sie, die Kinder, etwas tun müssen, wozu sie auch die Fähigkeiten haben. Ich glaube, einige Probleme mit Kindern entstehen daraus, daß ihnen niemand überzeugend klarmacht, daß sie Fähigkeiten haben, die wirklich gebraucht werden. Eltern sind heute oft bemüht, Kindern Last und Verantwortung abzunehmen. Es gibt wenig »du mußt« und viel »es wäre wünschenswert, wenn«, verbunden mit dem ständigen Mißtrauen in die kindlichen Fähigkeiten. (»Ist das nicht viel zu schwierig? Ist das nicht viel zu gefährlich? Überfordert es nicht?«) Die Folgen sind zu starke Verantwortungs- und Schuldgefühle auf seiten der Erwachsenen und zu wenig Selbstverantwortung und Selbstvertrauen auf seiten der Kinder.

Die *Intensität* von Gefühlen ist uns allen bekannt, aber nur wenige halten sie für beeinflußbar. Aber haben Sie nicht auch schon erlebt, wie Sie sich in Gefühle hineingesteigert haben, wie eine heftige Liebe abkühlte, wie Wut verrauchte? Durch die Intensität ändern sich Gefühle und Erinnerung und Vorstellung beeinflussen die Intensität erheblich. Wenn Ihre Tochter zum Beispiel zu spät zum Essen erscheint, machen Sie sich zunächst einfach nur Sorgen. Wenn Sie sich vorstellen und sich ausmalen, sie würde gerade vergewaltigt werden, kann sich Ihr Gefühl bis zur Hysterie steigern. Wenn Sie sich daran erinnern, daß sie bei dieser bestimmten Freundin immer gern länger bleibt oder ihre Uhr vergessen hat, wird Sie das hingegen beruhigen.

Die folgenden Gefühlszustände unterscheiden sich durch ihre Intensität und geben uns Beispiele für Veränderungsmöglichkeiten.

enttäuscht ↔ traurig ↔ gramerfüllt ↔ zufrieden
glücklich ↔ begeistert ↔ ekstatisch
besorgt ↔ beunruhigt ↔ ängstlich ↔ hysterisch
neugierig ↔ interessiert ↔ angeregt ↔ begierig ↔ besessen

Es ist nicht sinnvoll, sich mit großer Intensität in ein Gefühl hineinzubegeben, das als unangenehm erlebt wird. Daher sollten Sie bei unangenehmen Bildern üben, diese zu verkleinern und in schwarz-weiß zu produzieren. Nutzen Sie Ihre Vorstellungskraft für schöne, große und farbige Zukunftsbilder!

Auch *Vergleiche* beeinflussen Gefühle sehr. Unbehagen und Enttäuschung, auch Schuldgefühle entstehen häufig durch Vergleiche. Dabei wird oft vergessen, *was* miteinander verglichen wird. Wenn Sie Ihren kleinen, leicht behinderten Jungen ständig mit einem normal entwickelten Mädchen vergleichen, werden Sie häufig Gefühle des Versagens haben. Wenn Sie ihn mit seiner Entwicklung vor einem halben Jahr vergleichen, werden Sie stolz auf ihn und sich sein können – denn Sie beide haben enorme Fortschritte gemacht. Auch Geschwister vergleichen Eltern häufig miteinander: »In deinem Alter konnte Eva schon …« Solche Vergleiche vergiften die Atmosphäre und beschwören viele negative Gefühle herauf. Vergleicht man das Kind aber als eigenständige Persönlichkeit mit sich selbst in der Vergangenheit, ändern sich die Gefühle positiv.

Das *Tempo* ist eine Gefühlseigenschaft, die nur selten bewußt wahrgenommen wird. In Filmen – und das können Sie auf Ihr Leben übertragen – wird häufig Musik benutzt, deren Tempo unsere Gefühle beeinflußt. Gefühle wie Panik, Wut, Erregung und Ungeduld haben ein schnelles Tempo. Geduld, Zufriedenheit und Ausgeglichenheit ein langsames.

Die einfachste Methode, das Tempo eines Gefühles zu verändern, ist langes und tiefes Atmen. In Situationen, in denen
Sie leicht die Kontrolle verlieren, ist es die hilfreichste
Methode überhaupt. Ruhige Musik macht es uns unmöglich,
schnell zu atmen. Der Herzschlag stellt sich unbewußt immer auf den Rhythmus einer Musik ein. Wenn Sie sich
entmutigt und leer fühlen, ist es nützlich, das innere Tempo
zu steigern. Hierbei kann aufmunternde, flotte Musik, die
Sie sich für diesen Fall zurechtlegen, sehr hilfreich sein.
Außerdem sollten Sie sich ein neues – und sei es auch ein
kleines – Ziel stecken.

Unter *Kriterien* wird der Zusammenhang oder Kontext verstanden, in dem das Gefühl auftritt. Die Tatsache, schwanger
zu sein, kann Panik in Ihnen auslösen. Die Information, daß
Ihr Mann sich besonders darüber freut und Ihnen verbind-
liche Unterstützung in bestimmten Bereichen zusagt, kann
die Gefühle schnell ändern. Wie wir Fakten beurteilen, hängt
also ganz von den Kriterien ab. Viele Frauen haben zum
Beispiel Angst davor, ein behindertes Kind zu bekommen.
Erfahren sie aber durch das Beispiel anderer Frauen, daß
das Leben mit einem behinderten Kind eine große Bereicherung sein kann, die dem Leben neuen Sinn gibt, können
sich diese Ängste auflösen.

Unter *Chunkgröße* ist die Größe des Ausschnitts zu verstehen, den wir bewußt wahrnehmen. Diese Größe ist
sehr variabel. Wenn wir eine Aufgabe in Teile zerlegen,
ändern sich oft die Gefühle, die damit verbunden sind.
So kann zum Beispiel aus dem Gefühl der Überforderung
Zuversicht werden. Umgekehrt vermittelt das Vergrößern
des Ausschnittes einen umfassenderen Überblick und läßt
im Moment riesig erscheinende Probleme zu Nichtigkeiten
werden.

Stellen Sie sich Ihren Körper vor und betrachten Sie die Haut an Ihren Händen. Unter der Lupe angeschaut sieht sie anders aus und wenn Sie sie unter einem Mikroskop betrachten, verändert sie sich noch einmal. Wenn Sie sich in Ihrer Vorstellung von der Zimmerdecke herab selbst betrachten, verändert sich Ihre Wahrnehmung und sie verändert sich wieder, wenn Sie sich vorstellen, mit einem Flugzeug über Ihr Haus hinwegzufliegen.

In Streitigkeiten oder Situationen äußerster Ungeduld neigen wir dazu, kleine Ausschnitte wahrzunehmen. Wir konzentrieren uns ganz auf die negativen Seiten unseres Partners oder sehen nur den Wutanfall unseres Kindes. Wenn wir uns jedoch bewußt zur Aufgabe machen, den Wahrnehmungsausschnitt zu vergrößern, das heißt auch die positiven Fähigkeiten unseres Gegenübers wahrzunehmen oder die liebenswerten Seiten unseres Kindes zu berücksichtigen, verändern sich die Gefühle automatisch.

Oft reagieren wir gereizt auf das Verhalten eines Kindes, ohne dieses Verhalten in einem größeren Zusammenhang – zum Beispiel in Reaktion auf unsere eigene Stimmung und unser eigenes Verhalten – zu sehen.

Bei allen Situationen, in denen wir uns überfordert oder von einer Aufgabe erdrückt fühlen, ist das umgekehrte Verfahren notwendig: Die Untergliederung in kleine Arbeitsschritte, das ruhige Sagen: »Eins nach dem anderen.«

Kann man Gefühle erzeugen, die man sich wünscht? Wenn Sie es üben, ja. Ich möchte dies am Beispiel des Gefühls Zuversicht zeigen.

1. Nehmen Sie eine Körperhaltung ein, die Zuversicht ausstrahlt.
2. Erinnern Sie sich an die Zeit, in der Sie zuversichtlich waren und sich auch zuversichtlich verhalten haben.
3. Denken Sie an alle Eigenschaften, die Sie an sich mögen. Sagen Sie sich, daß Sie in Ordnung sind!
4. Stellen Sie sich vor, daß Sie etwas Beeindruckendes tun: zum Beispiel an einer Frauenexpedition zum Nordpol teilnehmen.
5. Denken Sie an etwas, das Sie schon jetzt mit Zuversicht erfüllt.
6. Spüren Sie Ihre Wirbelsäule und stellen Sie sich vor, sie wäre aus Eisen.
7. Bestimmen Sie ein eindeutiges Ziel für die Situation.
8. Spielen Sie innerlich (oder tatsächlich) eine besonders mitreißende Musik, die Sie zuversichtlich macht.
9. Denken Sie an Menschen, in deren Gegenwart Sie sich schon jetzt zuversichtlich fühlen und stellen Sie sich vor, sie stünden hinter Ihnen und legten Ihnen sanft die Hand auf die Schulter. Blicken Sie mit diesem Gefühl der Zuversicht in die Zukunft oder auch auf eine unangenehme Situation, die vor Ihnen liegt.
Gefühle sind auch stark von unseren Kindheitserfahrungen geprägt. Das kleine Mädchen, das Sie damals waren, lebt heute noch in Ihnen weiter. Die Transaktionsanalyse ordnet jede innere menschliche Reaktion drei verschiedenen »Ich-Zuständen« zu:

Eltern-Ich
Erwachsenen-Ich
Kind-Ich

Das *Eltern-Ich* läßt sich weiter unterteilen in:

kritisches Eltern-Ich	fürsorgliches Eltern-Ich
Das kritische Eltern-Ich sagt: »Das darfst du nicht!« »Hab' ich dir nicht gesagt, daß ...« »Schäm dich!«	Das fürsorgliche Eltern-Ich ermuntert und tröstet Sie mit Worten wie: »Bravo! Du kannst das!« »Ist doch nicht so schlimm!« »Das wird schon wieder!«

Das *Erwachsenen-Ich* enthält sachlichen Informations- und Meinungsaustausch:

»Es ist sieben Uhr.«
»Ich fühle mich entspannt.«
»Ein neuer Tag beginnt.«
»Laß uns noch einmal in Ruhe darüber reden.«

Das *Kind-Ich* läßt sich in drei Bereiche untergliedern

freies Kind-Ich	angepaßtes Kind-Ich	rebellisches Kind-Ich
Das freie Kind-Ich sagt Sätze der Freude und Spontaneität und Kreativität. Es zeigt alle Gefühle offen und intensiv: »Ist ja toll!« »Ich möchte so gern! ...« »Hier – mein tolles Bild!«	Das angepaßte Kind-Ich sagt mit schwacher Stimme in unterwürfiger Haltung: »Das ist mir schrecklich peinlich!« »Es tut mir furchtbar leid!«	Das rebellische Kind-Ich hat einen trotzigen Unterton und geballte Fäuste: »Ich mag aber nicht!« »Warum immer ich?« »Pah – das kann mir egal sein!«

Während sich das freie Kind spontan verhält, reagieren das angepaßte und das rebellische Kind auf das Verhalten seiner Eltern. Auf einschränkendes Verhalten reagiert jedes Kind zunächst mit Rebellion. Manch ein Kind muß dann allerdings auf schmerzhafte Weise erfahren, daß Rebellion zwecklos ist. Es lernt sich anzupassen, indem seine Rebellion durch Gewalt gebrochen oder ihm ausgeredet wird. »Das darfst du Mami nicht antun! Das ist böse!« Das Kind paßt sich an, aber die unterdrückte Rebellion in seinem Inneren ist noch da.

Sie wirkt dort fort – zum Beispiel in einem ständigen inneren Dialog. Je stärker der Druck ist, den die Eltern ausüben, desto stärker wird auch der Gegendruck im Kind selbst. Als mögliche Reaktion wird das Kind, dessen Freiheit zu stark bedroht ist, genau das tun, was es nicht tun soll. So wissen Lehrerinnen beispielsweise, daß Kinder, die andere drangsalieren, Feuer legen oder schwer lernen, genau die Kinder sind, die in ihrer Freiheit stark eingeschränkt sind und oft selber Gewalttätigkeiten erleiden müssen.

Weniger dramatisch sind die vielen Alltagsbeispiele, in denen wir nach dem Motto handeln: »Was verboten ist, das macht uns gerade scharf!« Verbotene Handlungen üben einen starken Reiz aus.

Auch wenn wir versuchen, uns selber durch inneren Druck zu unterdrücken, kann Gegendruck im Innern entstehen und je mehr Sie sich einreden: »Du darfst jetzt nicht wütend sein!«, desto wütender werden Sie. Und je mehr Sie sich sagen: »Du solltest jetzt glücklich und fröhlich sein!«, desto trauriger werden Sie vermutlich.

Testen Sie einmal Ihr Gefühl bei folgendem Gedankenspiel:
Was ist Ihr größter Fehler?

Nennen Sie ihn jetzt und fügen Sie dann dazu »und heimlich

genieße ich ihn«. Sprechen Sie sich diesen Satz einmal laut vor – wie fühlt sich das an?

Auch wenn wir im Laufe unseres Lebens viel gelernt und uns auch verändert haben, so übernehmen wir die Art, wie wir mit uns selbst umgehen weitgehend (unbewußt) von unseren Eltern. Insbesondere auch der Umgang mit unseren Gefühlen wurde früh gelernt.

Kleine Mädchen müssen Wut, Zorn und Rebellion besonders stark unterdrücken und können oft nicht fürsorglich mit sich selber reden. Wenn Sie lernen, sich mit allen Fehlern und Schwächen zu akzeptieren und Sie sich annehmen, wie Sie sind, können Sie sich in vielen problematischen Situationen selber helfen.

Eine sehr schöne Übung, die Sie über einen längeren Zeitraum hinweg abends vor dem Schlafen durchführen sollten, ist die *Begegnung mit dem Kind in dir*.

1. Stellen Sie sich das kleine Mädchen vor, das Sie waren. Vielleicht nehmen Sie ein Kinderfoto als Ausgangspunkt (es genügt auch die Vorstellung eines Kinderfotos) oder Sie gehen einfach Ihre Lebensjahre rückwärts in Gedanken durch, bis Sie das Kind treffen, das Sie waren. Wie alt sind Sie jetzt? Wie sind Sie gekleidet? Wie sehen Sie aus? Wie geht es Ihnen?

2. Treten Sie jetzt zu diesem kleinen Mädchen als erwachsene Frau. Mit all Ihren Erfahrungen, Ihren Fähigkeiten und Ihrem Verständnis. Fragen Sie, was dieses Kind braucht und geben Sie ihm all das: streicheln oder spielen, zuhören, Hand-in-Hand spazierengehen ... alles, was es braucht, was ihm fehlt ...

3. Wenn das Kind genug hat und zufrieden ist, verabschieden Sie sich liebevoll von ihm – und versprechen Sie ihm

wiederzukommen, um ihm all das zu geben, was es nötig hat.

Zum Schluß noch ein Tip:

Ich selber beeinflusse meine Gefühle gern und erfolgreich mit ätherischen Ölen (vgl. hierzu auch die Seiten 25 und 26). Sie wirken über die Riechschleimhaut direkt auf unser Zentralnervensystem. Folgende Öle empfehle ich:

Traurigkeit und Niedergeschla- genheit:	Wut, Erregung, Ärger:
Bergamotte	Kamille
Orange	Vanille
Pampelmuse	Lavendel
Mandarine	Melisse
Neroli	Schafgarbe
Rose	Ylang-Ylang

Angst:	Lustlosigkeit und Antriebs- schwäche:
Angelika	Eukalyptus
Zeder	Minze
Zirbelkiefer	Rosmarin
Ylang-Ylang	Zirbelkiefer
Sandelholz	Pampelmuse
Bergamotte	Wacholder
Muskatellersalbei	Zitrone
Jasmin	

»Keine Zeit – niemals.«
Wie Sie Zeit für sich gewinnen

Eine der häufigsten Klagen, die ich von Müttern höre, ist die, nie Zeit zu haben. Ich kenne das auch von mir selber sehr gut und wenn es mir an mehreren Tagen hintereinander so geht, überfällt mich eine schlimme Unzufriedenheit. Es ist schon merkwürdig mit der Zeit. Natürlich weiß niemand genau, wieviel Zeit er hat – wir können ja morgen schon tot sein. Daß wir aber »keine Zeit« haben, kann ja wohl auch nicht ganz stimmen, denn jeder Tag hat 24 Stunden.

Sie allein bestimmen, wie Sie Ihre Zeit verwenden wollen. Ich höre Ihren Protest: »Aber ich muß doch ...« Sie müssen nichts. Es sind Ihre Entscheidungen, die Sie treffen.

Wem wollen Sie Ihre Zeit schenken? Ihrem Mann? Ihren Kindern? Ihren Freundinnen? Und doch hoffentlich auch sich selbst?

Zeit ist Geld – heißt es auch. Die Zeit, die Sie anderen schenken, ist wie investiertes Geld. Sie legen Zeit an. Ist Ihr Mann, sind Ihre Kinder diese Anlage wert?

Wenn Sie Zeit verschenken, verbringen Sie nicht einfach Zeit mit jemand, sondern Sie tun es bewußt, Sie lassen sich wirklich auf den anderen ein.

Ihre Kinder wollen nicht einfach Ihre Zeit stehlen, sie wollen, daß Sie ihnen Aufmerksamkeit schenken. Viele Mütter, die klagen, keine Zeit zu haben, schenken ihren Kindern niemals Aufmerksamkeit. Sie sind den ganzen Tag mit ihren Kindern zusammen, aber ihre Gedanken und Gefühle sind nicht bei ihnen, sondern ganz woanders. Sie beklagen sich innerlich oder auch laut über ihr Los, niemals Ruhe zu haben, immer angebunden zu sein, ständig genervt zu werden. So können weder Sie noch die Kinder zufrieden sein. Und keiner von beiden »hat Zeit«.

Es ist ein erstaunliches Phänomen, daß die meisten Menschen kaum in der Gegenwart leben. Ihre Gedanken sind entweder in der Vergangenheit oder in der Zukunft. Dabei gibt es, genau genommen, nichts anderes als das *Jetzt*. Probieren Sie einmal aus, im Augenblick zu leben. Nehmen Sie einmal nur wahr, was jetzt, in diesem Moment, um Sie herum geschieht. (Der Abschnitt über Meditation auf den Seiten 27 bis 29 hilft Ihnen dabei.)

Seien Sie aufmerksam für das, was Sie jetzt – in diesem Moment – hören, sehen, riechen, fühlen, schmecken. Beobachten Sie Ihre Gedanken, die vorauseilen wollen oder zurückblicken und konzentrieren Sie alles auf diesen Augenblick *Jetzt*.

Wenn Sie es schaffen, mehrmals am Tag ganz aufmerksam im Hier und Jetzt zu leben, werden Sie eine neue Qualität erfahren: Ich wasche ab und konzentriere mich ganz auf den Teller, die Spülbürste, die Bewegungen meiner Hände … Ich rede mit meinem Kind und nehme seine Augen, seine Stimme, seine Gesten ganz genau wahr. Ich nehme mir eine Stunde Zeit für mich und konzentriere mich ganz auf die Dinge, die mir Spaß machen.

Wenn Sie beginnen, so zu leben, erhält der Begriff Zeit eine völlig neue Qualität.

Wissen Sie noch, was Sie gern tun? Kennen Sie eine Beschäftigung, die Sie glücklich macht? Wann haben Sie sich das letzte Mal Zeit dafür genommen? Wer könnte Sie – neben Ihrem Mann – für ein paar Stunden von Ihrem Muttersein entlasten? Ein junges Mädchen aus der Nachbarschaft? Eine andere Mutter, mit der Sie sich abwechseln?

(Nur keine Scheu!) Eine Oma, die eine Aufgabe sucht? Es gibt mit Sicherheit auch in Ihrer Nähe jemanden, auf den Sie zugehen könnten, wenn Sie Hilfe brauchen.

Vielleicht gehören Sie aber auch zu den Frauen, die vergessen haben, was sie eigentlich gern tun würden. Eine Klientin erzählte mir einmal, daß sie sich in den Bus gesetzt hätte und bis zur Endstation gefahren sei, als sie endlich ein paar Stunden frei hatte. Vielleicht ist eine solche Busfahrt ins Leere ein guter Anlaß, wieder zu sich selbst zu finden, zu den eigenen Träumen und Zielen, die Sie schon als kleines Mädchen hatten ...

Wenn Sie kleine Kinder haben, müssen Sie sich ihrem Lebensrhythmus weitgehend anpassen. Sie können das als Strafe auffassen, aber auch als Geschenk. Wenn Sie darauf bestehen, Ihren alten und gewohnten Trott beizubehalten, werden Sie eher gestreßt sein, weil Ihr Kind sich wohl kaum willig fügen wird. Wenn Sie dagegen bereit sind, sich auf eine neue Zeiteinteilung einzulassen und neue Schwerpunkte zu setzen, werden Sie eine Menge gewinnen und Neues lernen.

Es gibt viele Dinge, die Sie mit einem wachen Baby tun können: wenn Sie es im Tragetuch haben oder es auf eine Decke in Ihre Nähe legen, können Sie nahezu alle Hausarbeiten erledigen. Sie können ihm dabei vorsingen, etwas erzählen oder auch gemeinsam mit ihm Radio hören. Ich habe ein Buch geschrieben, während mir ein Säugling quer über den Knien lag.

Wenn Sie Ihr Kind stillen, füttern oder wickeln, seien Sie ganz bei ihm. Schenken Sie ihm Ihre ganze Aufmerksamkeit. Betrachten Sie jede investierte Minute als Kapital, das Ihnen Zinsen und Zinseszins bringt. Es ist wirklich so: Jedes Lächeln, das Sie einem Kind schenken, schenkt es Ihnen zurück. Jede Minute, in der Sie aufmerksam mit ihm spielen, investieren Sie in seine gesunde Entwicklung und jeder Entwicklungsschritt bedeutet auch ein Stück mehr Abnabelung von Ihnen, mehr Freiheit, mehr Zeit für Sie selbst.

Aber wollen Sie das überhaupt? Können Sie zulassen, daß Ihr Kind Sie eines Tages weniger braucht?

Eine wichtige Übung für Mütter, die sich von ihren Kindern »aufgefressen« fühlen, möchte ich Ihnen gerne vorschlagen: Stellen Sie sich den Tag vor, an dem Ihr jüngstes Kind von zu Hause auszieht. Hat es Grund, sich bei Ihnen für die gemeinsame Zeit zu bedanken? Wird es seinen Weg gehen? Was werden Sie jetzt – so ganz freigestellt – mit Ihrer Zeit anfangen? Wie werden Sie Ihre Tage verleben?

Sie haben mit Ihrem Kind gearbeitet, gesprochen, gespielt, geschmust. Irgendwann schläft es und auch, wenn Sie meinen, es schläft viel zu wenig, es schläft doch mehr als Sie. Diese Zeit, in der es schläft, ist Ihre »goldene Zeit«. Richten Sie alles so ein, daß Sie über diese Zeit verfügen können. Wenn Sie schlafen wollen – gut, schlafen Sie. Aber entscheiden Sie sich bewußt dafür. Wenn Sie mit Ihrem Mann zusammensein wollen – gut. Aber seien Sie freiwillig mit ihm zusammen und nicht, weil Sie »müssen«. Sie müssen gar nichts!

Und wenn Sie diese »goldene Zeit« für sich haben wollen, nehmen Sie sie sich! In dem Moment, wo Ihr Kind die Augen schließt, können Sie alles fallenlassen und für sich allein sein. Auch diese Zeit, die Sie sich selber schenken, ist eine Investition. Eine Investition in Ihr Glück. Und meinen Sie nicht auch, daß Ihr Kind eine glückliche Mutter verdient hat?

Im täglichen Allerlei ist jeder leicht versucht, das Wesentliche zu vergessen. Haben Sie schon einmal darüber nachgedacht, was von Ihnen übrigbleibt, wenn Sie tot sind?

Diese Dinge – Erinnerungen, die Liebe, die andere noch nach Ihrem Tod für Sie empfinden – könnten die Dinge sein, für die Sie sich Zeit nehmen sollten. Nehmen Sie sich also die Zeit, einmal darüber nachzudenken, was wirklich wichtig ist. Wenn Sie hier Klarheit haben, werden Sie auch mehr Zeit haben. Zeit für die wirklich wichtigen Dinge.

Wer so tut, als hätte er keine Zeit, ist ein Gefangener. Gefangen im Kleinkram und im Einerlei des Tages. Dieser Kleinkram belegt Ihren Geist und stutzt Ihre Flügel. Lassen Sie ihn liegen, wenn Sie sich entschieden haben, sich Zeit für wichtigere Dinge zu nehmen.

Oft hetzen wir in der Annahme, Zeit zu sparen. Das Gegenteil ist der Fall. Gehetzt handeln wir unüberlegt, vergessen viel und müssen Dinge mehrmals tun oder anschließend verursachten Schaden beheben. Wer ruhig und aufmerksam an die Dinge herangeht, kommt schneller zum Ziel und findet oft verblüffende Lösungen. Je knapper Ihre Zeit ist, desto besser müssen Sie planen. Stellen Sie eine Liste mit allen anfallenden Arbeiten zusammen und überlegen Sie, welche Arbeiten dringend und welche weniger dringend sind, für welche Sie einen wachen Verstand brauchen und welche Sie auch müde noch gut ausführen können. Ordnen Sie nun alle Tätigkeiten nach Dringlichkeit und Wachheit und überprüfen Sie, ob Sie eine neue Einteilung Ihres Tages vornehmen können.

Wenn Sie das Gefühl haben, der Arbeitsberg ist einfach zu groß, ist es an der Zeit, mit Ihrem Mann, mit älteren Kindern oder anderen Menschen darüber zu reden, wie Aufgaben besser verteilt und aufgeteilt werden können. Auch hierbei ist eine Liste hilfreich, die die Dinge benennt, die nur Sie tun und solche, die Sie auch an »Hilfskräfte« delegieren können.

Bedenken Sie, daß Sie nicht alles allein tun müssen und Sie Zeit für sich brauchen – damit Sie die Mutter sein können, die Sie sein wollen.

Ziehen Sie eine Grenze um sich und setzen Sie Schwerpunkte. Nicht jeder darf Ihnen Ihre Zeit stehlen. Sie haben jeden Tag 24 Stunden, die Sie einteilen und an alle, die Sie lieben, verschenken können.

»Wenn ich vorn anfange, ist hinten schon wieder alles chaotisch.« Sisyphos Hausarbeit

Was das Leben als »Hausfrau und Mutter« gelegentlich so sinnentleert erscheinen läßt, ist die Tatsache, daß Hausarbeit wirklich der Arbeit des Sisyphos gleicht, der von den Göttern gestraft wurde. Er mußte einen Stein den Berg hochrollen und kaum, daß er die schwierige Arbeit beendet hatte, kullerte der Stein den Berg wieder hinunter. Hausmänner leiden noch mehr als Hausfrauen unter der Tatsache, im Grunde nie mit einer Arbeit fertig zu sein, denn jeder eben aufgeräumte und gereinigte Raum, wird sofort wieder schmutzig, jedes gut gekochte Essen sofort verzehrt und das frisch gespülte Geschirr, die saubere Wäsche sofort wieder schmutzig. Genauso schlimm ist die Tatsache, daß wir so wenig Anerkennung für die geleistete Arbeit bekommen, ja, oft wird sie nicht einmal zur Kenntnis genommen. Hinzu kommt oft ein bitteres Gefühl: Ich räume ständig den Dreck *für andere* weg.

Ich kann hier keine Rezepte geben, die helfen, Heinzelmännchen zu ordern, Paschas auf die Sprünge zu helfen oder Sie in eine Putzmittelreklamefrau zu verwandeln. Ich möchte aber ein paar Anregungen weitergeben, die ich für mich nützlich fand.

1. Hausarbeit ist sinnvolle Arbeit
Sie ist es in der Tat, auch wenn es vielleicht nicht so erscheint. Wenn Sie sich ausmalen, was geschehen würde, wenn Sie eine Woche lang einfach streiken, ins Krankenhaus müßten oder sich Urlaub nähmen, wird deutlich, wie wertvoll und zum Teil unersetzlich Ihre Arbeit ist.

Darüber hinaus ist mir in letzter Zeit immer deutlicher geworden, daß Hausarbeit Umweltschutz sein kann. Indem Sie die Umgebung der Menschen, die Sie lieben, sauber und schön halten, sorgen Sie in diesem – wenn auch kleinen – Bereich für eine schöne Umwelt. Indem Sie ökologische Prinzipien bei der Hausarbeit beachten (Müllvermeidung und -trennung, Benutzung umweltverträglicherer Putz- und Waschmittel u.ä.) sorgen Sie nicht nur für ein gutes »Raumklima«, sondern leisten auch einen aktiven Beitrag zum Umweltschutz. Seit einiger Zeit gibt es auch Öko-Teams, die sich gegenseitig beraten und unterstützen. Auch das gemeinsame Putzen von Wohnungen finde ich eine sehr gute Idee. Ich kenne beispielsweise fünf Frauen, die sich zusammentun: vier putzen gemeinsam und klönen dabei, eine spielt mit den Kindern – und so geht das reihum. Vielleicht haben Sie ja Lust, etwas Ähnliches zu organisieren?

2. Hausarbeit ist Arbeit für alle, die im Haus leben

Das klingt banal – Sie und ich, wir wissen jedoch sehr gut, daß die Realität anders aussieht: Frau macht oft alles allein. Das muß nicht so sein!
In den meisten Haushalten findet man Frauen, die entweder laut oder leise vor sich hin schimpfen und nörgeln – dann aber doch alles allein tun. Man sollte meinen, Mann und Frau, erwachsene vernünftige Menschen, sollten Absprachen treffen können. Jeder weiß jedoch, daß solche »Absprachen« oft in gegenseitigen Vorwürfen und Beschimpfungen enden oder aber »im Sande verlaufen«, das heißt nicht eingehalten werden. Ich möchte Ihnen daher an dieser Stelle einige Kommunikationstechniken vermitteln, die in Verhandlungen mit Familienangehörigen nützlich

sein können – nicht nur in bezug auf Hausarbeits-Ver-
handlungen.

Wie man Verhandlungen führt:
Nehmen Sie Kontakt mit Ihren inneren Kräften auf. Es gibt
Tage, an denen Sie sich kaputt, müde und lustlos fühlen.
In einer solchen Verfassung ist es schwierig, Verhandlungen
zu führen. An anderen Tagen dagegen sind Sie voller
Schwung und Energie. Sie wissen, was Sie wollen und setzen
sich dafür ein. Sie sind weder verbissen noch stur, sondern
locker, aufmerksam und offen. Ein solcher Tag ist sehr
geeignet für eine Verhandlung. Vielleicht meinen Sie, solche
Tage sind zu selten. Sie können sie aber öfter erreichen, als
Sie glauben. An schlechten Tagen laufen negative Programm-
me in Ihnen ab. Es ist, als hätten Sie in Ihren Videoapparat
den falschen Film eingelegt. Sie erkennen das schlechte
Programm an seinem Ergebnis: Wut, Depression, Schuldgefühle. Sie erinnern sich zum Beispiel zwanghaft an Ver-
letzungen und Fehlschläge, meist ohne es zu bemerken, Sie
verziehen unmerklich Ihr Gesicht, verspannen sich innerlich
und gehen in Angriffshaltung. Bevor Sie ein neues Programm einlegen können, müssen Sie sich zunächst einmal
dieser Tatsache bewußt werden. Stellen Sie sich den Start-
knopf einer Waschmaschine vor und sagen Sie sich: *Stop!*
Neues Programm!
Versuchen Sie jetzt, sich das Ergebnis einer erfolgreichen
Verhandlung vorzustellen. Wie möchten Sie sich fühlen? In
welchem Zustand möchten Sie nach dem Gespräch sein?
Welche Eigenschaften wären für ein solches Gespräch nützlich?
Sie stimmen mir sicherlich zu, daß Gelassenheit, aufmerk-
sames Zuhören (zum Beispiel indem Sie Ihren Gesprächs-

partner aufmerksam anschauen und ihm durch Gesten signalisieren, daß Sie ihn verstanden haben), sicheres und höfliches Vertreten des eigenen Standpunktes nützlich wären. Gehen Sie das geplante Gespräch im Geiste durch und stellen Sie fest, wo Hindernisse auftreten werden. Wenn Ihr Partner schlechte Laune hat – wie können Sie es schaffen, ruhig, sicher und höflich darauf zu reagieren?

Üben Sie die optimale Reaktion geistig ein! So wie ein Slalomfahrer trainiert, im Geist die Stange immer wieder elegant und sicher zu umfahren, so bereiten Sie sich auf alle Gesprächshindernisse vor! Möglicherweise bemerken Sie im Verlauf des Gesprächs, daß Sie den »Draht« zu Ihrem Partner verloren haben. Sie sind nicht mehr auf »der gleichen Wellenlänge«.

Beobachten Sie Gesichtsausdruck, Körperhaltung und die Handbewegungen Ihres Gegenübers genau und versuchen Sie, sich in ihn hineinzuversetzen. Dies sollten Sie auf alle Fälle vorher üben! In dem Moment, in dem Ihnen dies gelingt, werden Sie spüren, daß Sie auch den »Draht« wieder herstellen können. Die Verständigung klappt wieder.

Ein Gespräch führt nur dann zum Ziel, wenn Sie die Welt Ihres Gegenübers verstehen lernen. Leider denken wir meistens, der andere müßte doch genauso sein wie wir. Jeder Mensch hat aber eine eigene innere Vorstellungswelt, die von vielen Faktoren geprägt ist. Es ist eine Art persönliche Landkarte, nach der wir uns in der Welt orientieren. Aus der eigenen Sicht gesehen glaubt jeder, optimal zu handeln – oder zumindest, nicht anders zu können. Um zu lernen, die Welt des anderen zu verstehen, können Sie seine Sprache beobachten. Sie werden bald bemerken, daß er mit vielen Begriffen, die Sie als eindeutig angesehen haben, andere Vorstellungen verbindet. Es ist in der Tat so, daß jeder mit bestimmten Worten unterschiedliche Erfahrungen verknüpft. Tauschen Sie sich beispielsweise einmal über den Begriff »Hausarbeit« oder »Abwaschen« mit anderen aus. Was verbinden Sie damit? Welche Erinnerungen tauchen auf? Wie war das in Ihrer Familie, wie in der Ihres Gegenübers?

Interessant ist auch, daß wir unterschiedliche Wahrnehmungskanäle benutzen (hören, sehen, riechen, schmecken, fühlen) und dies auch in unserer Sprache ausdrücken. (Das Neurolinguistische Programmieren beschäftigt sich intensiv mit den verschiedenen Wahrnehmungskanälen, vgl. Bandler/Grinder 1982.) Natürlich können wir alle fühlen, sehen und hören – wenn Sie sich beobachten, merken Sie aber möglicherweise, daß Ihre visuelle Wahrnehmung ausgeprägter ist als die akustische – oder umgekehrt. Besonders Kinder benutzen taktile Wahrnehmungskanäle: Sie müssen alles anfassen und befühlen, um es »be-greifen« zu können. Wenn Sie zum Beispiel an Ihre Mutter denken: Sehen Sie sie vor sich, hören Sie ihre Stimme oder fühlen Sie eine Umarmung?

Menschen mit bevorzugt visueller Wahrnehmung benutzen Wörter wie: »Für mich *sieht* das so aus …«, »Ich sehe das anders …« usw. Menchen mit bevorzugt akustischer Wahrnehmung sagen: »Das hört sich an …«, »Da höre ich heraus …«, »Das klingt wie …« Menschen, die über die Berührung wahrnehmen, sagen: »Das faß ich nicht!« »Ich kann es nicht begreifen.« »Ich fühle …« So kommt es auch vor, daß zwei Menschen über verschiedene Dinge reden, aber das gleiche meinen – oder aber das gleiche sagen und Verschiedenes meinen.

Deshalb ist es immer wichtig nachzufragen, um zu verstehen, was der andere meint. Ihr Mann sagt vielleicht: »Du

magst mich offensichtlich nicht mehr.« Sie fragen: »Woran genau erkennst du, daß ich dich angeblich nicht mehr mag? Woran würdest du merken, daß ich dich mag?« Oder:
Er: »Ich bin ein Versager.«
Sie: »Wobei genau hast du versagt? Welche Situationen gibt es, in denen du nicht versagt hast?«
Oder:
Er: »Gegen deine Sturheit bin ich machtlos.«
Sie: »Was hindert dich daran, etwas dagegen zu unternehmen? Was könnte passieren, wenn du es tust?«

Gespräche, in denen Sie als Siegerin hervorgehen, sind wenig sinnvoll, auch wenn Sie im Moment den Triumph genießen können. *Wenn einer der Partner verliert, ändert sich nichts.* Zufriedenheit herrscht nur, wenn das Verhandlungsergebnis beiden Seiten gerecht wird. Nur wenn auch Ihr Partner »gut drauf« ist und seine eigenen Kräfte zur Verfügung hat, werden Sie auch ein optimales Ergebnis erzielen. Wenn Sie in scharfem Ton sagen: »Ich muß mit dir reden!«, erinnert sich Ihr Partner wahrscheinlich spontan an Ihren letzten Streit und macht innerlich »zu«. Wenn Sie dagegen freundlich sagen: »Erinnerst du dich an den letzten Urlaub – da haben wir immer gemeinsam abgewaschen ...«, wird er unwillkürlich an einen schönen Ort mit angenehmen Vorstellungen versetzt.
Wenn Sie Ihren Partner fragen: »Welchen Rat kannst du mir geben, um XY zu erreichen?« oder: »Wie würdest du das Problem der Wäscheberge lösen?«, kommt er mit seinen eigenen Stärken und Lösungsideen in Kontakt. Und jeder Gedanke an Ziele mobilisiert Kräfte!
Je entspannter die Gesprächsatmosphäre ist, desto mehr können Sie gemeinsam lernen und entwickeln. Und je mehr

Sie beide in Kontakt mit Ihren Stärken kommen, desto mehr Mut wird jeder aufbringen, eingefahrene Verhaltensweisen zu verändern und eine für alle zufriedenstellende, individuelle Lösung zu finden.

Der Weg zum gemeinsamen Ziel
Sie werden nur dann erfolgreich mit Ihren Mitmenschen verhandeln können, wenn Sie in Kontakt mit Ihren eigenen Stärken sind. Der Boden, auf dem diese Stärke wächst, ist Ruhe und Entspannung. Entspannt können Sie nur sein, wenn Sie Ihrem Partner vertrauen, wenn Sie ihm Veränderungen zutrauen und an seine guten Eigenschaften glauben. Vielleicht haben Sie schon einmal von den psychologischen Versuchen gehört, die eindeutig beweisen, daß die Erwartungen, die Sie an jemand haben, diesen Menschen beeinflussen. Auch Kinder, die für intelligent gehalten werden, entwickeln sich so. Wenn jemand überzeugt ist, einen »Idioten« vor sich zu haben, wird er an diesem auch idiotische Eigenschaften entdecken. Und wenn jemand rücksichtslos auf den eigenen Vorteil bedacht ist, hat dies immer mit Angst, Mißtrauen (das auf negativen Erfahrungen beruht) und mangelndem Selbstwertgefühl zu tun.
Wenn Sie bereit sind, Ihrem Partner zu vertrauen und ihm etwas zuzutrauen, Sie die Verantwortung für eigene Fehler übernehmen und Sie ein gemeinsames Ziel für die Zukunft setzen, werden Sie erfolgreich sein.
Betonen Sie das Miteinander und setzen Sie sich dann gemeinsam für Ihr gefundenes Ziel ein.

Weitere *Regeln für sinnvolle Kommunikation und Problemlösung:*
Drücken Sie Gedanken und Gefühle, stets in der Ich-Form

aus: »Ich bin der Meinung, daß …« »Mich stört, daß …«
»Ich finde, daß …«

Benennen Sie konkrete Situationen, verallgemeinern Sie
nicht mit »immer« oder »nie«.

Sprechen Sie Verhaltensweisen an, ohne dem anderen negative Absichten zu unterstellen.

Bleiben Sie beim Thema und im Hier und Jetzt. Möglich ist,
in die Zukunft vorauszueilen, tischen Sie aber niemals den
»Schnee von gestern« auf.

Äußern Sie Empfindungen und Gefühle offen, unterdrücken
Sie nichts.

Zeigen Sie durch Gesten wie beispielsweise Nicken, daß Sie
zuhören und aufmerksam sind.

Geben Sie das Gehörte mit eigenen Worten wieder, damit
Ihr Partner prüfen kann, ob er richtig verstanden wurde.

Fragen Sie nach Gefühlen, wenn Sie glauben, Ihr Partner
unterdrückt sie.

Geben Sie positive Bestätigung, wenn Sie meinen, daß etwas
gut erklärt wurde.

Zum Schluß noch ein paar Hinweise für die Beteiligung von
Kindern an der Hausarbeit. Erfahrungsgemäß helfen kleine
Kinder gern. Sie sehen nicht die Last, sondern die Lust der
alltäglichen Arbeit und freuen sich, das tun zu dürfen, was
die Erwachsenen tun. Wichtig ist, niemals Zwang anzuwen-
den, sondern etwas vorzumachen und die Arbeit schmack-
haft zu machen. Tom Sawyer gibt Familien dafür eine
passende Anleitung:

»Der Junge wurde bei herrlichstem Wetter dazu verdonnert,
einen Zaun zu streichen, während alle anderen Schwimmen
gingen. Als sein Freund vorbeikommt, um Tom zu bedauern, erklärt dieser, was er mache, sei keine Arbeit.

›Ist das keine Arbeit?‹

Tom tauchte seinen Pinsel wieder ein und bemerkte gleichgültig: ›Vielleicht – vielleicht auch nicht! Ich weiß nur soviel, daß es dem Tom Sawyer paßt.‹

›Na, du willst mir doch nicht weismachen, daß du's zum Vergnügen tust?‹ Der Pinsel strich und strich.

›Zum Vergnügen? Na, ich seh nicht ein, warum nicht. Kann unsereiner denn alle Tage 'nen Zaun streichen?‹

Das warf nun ein neues Licht auf die Sache ...« (Mark Twain: Tom Sawyer, S. 25.)

Der Freund bekommt Lust, es auch mal zu probieren – was Tom ihm hartnäckig verweigert. Wer wird auf ein so großes Vergnügen freiwillig verzichten? Erst gegen Bezahlung läßt Tom sich schließlich doch erweichen – und hat am Ende des Tages nicht nur die Arbeit vollbracht, sondern ist auch um einiges reicher geworden.

Das Erfolgserlebnis, das eine geschnittene Kartoffel, ein selbst-staubgesaugtes Kinderzimmer oder ein blankgeputztes Waschbecken vermittelt, ist für weitere Arbeiten und auch das Selbstbewußtsein des Kindes von entscheidender Bedeutung.

Ältere Kinder haben bekanntlich weniger Interesse an Hausarbeit, weil sie keinen Reiz mehr ausübt. Diese Kinder haben jedoch jede Menge Wünsche, die mit Geld oder Hilfsleistungen von Erwachsenen in Verbindung stehen. Ich habe daher bei meinen älteren Kindern »Lohn für Hausarbeit« eingeführt. Die jüngeren haben bestimmte Pflichten – und wenn sie diesen nicht nachkommen, erfülle ich auch ihre Wünsche wie Brot schmieren, etwas besorgen, vorlesen usw. nicht.

Von dem Therapeuten Milton Erickson wird berichtet, daß er seine Kinder (es waren sieben) Beete anlegen ließ und ihnen selbst gezogenes Gemüse abkaufte. Als einer seiner Söhne wiederholt vergessen hatte, den Mülleimer zu leeren, weckte ihn sein Vater nachts und bat ihn, doch bitte seine Pflicht zu erfüllen. Diese Erinnerung war nur ein einziges Mal notwendig.

Auch in meiner Familie kommt es immer wieder zum Kampf und immer wieder müssen Kompromisse ausgehandelt werden. Mir passiert es aber nie mehr, daß ich mich als armes Opfer meiner Familie fühle. Auch Sie haben enorme Power! Ich bin sicher, Sie werden sie entdecken!

»Nicht mal in Ruhe aufs Klo gehen.«
Du und Dein Körper

Wenn Sie ein kleines Kind haben oder vielleicht sogar mehrere, nimmt Sie diese Tatsache mit »Haut und Haaren« in Anspruch. Nicht ganz zu Unrecht werden Kinder auch als kleine »Monster« bezeichnet. »Jedes Kind ein Zahn« heißt eine Volksweisheit. Denn Schwangerschaft und Stillzeit entzieht Ihrem Körper Calzium, wodurch Ihre Zähne anfälliger werden.

Wahrscheinlich schreit Ihr Kind auch nachts und braucht Ihre Zuwendung, selbst tagsüber kommen Sie kaum zur Ruhe. In dieser Zeit großer Anspannung laufen Sie Gefahr, Ihren Körper zu vernachlässigen. Sie leben ganz für Ihr Kind und kommen »zu nichts«.

Ich kenne diese Phasen sehr gut und konnte lange genug nicht »in Ruhe aufs Klo gehen«. Entweder klopfte ein kleines Wesen mit Fäusten an die Tür oder mir brach der Schweiß aus, weil mein Baby genau in dem Augenblick erwacht war und lauthals schrie. Es gab auch Zeiten, in denen mir ein Kind auf dem Schoß saß!

Obwohl Sie sich vielleicht manchmal sagen: »Mir ist alles egal!«, wissen Sie so gut wie ich, daß Ihr Körper Ihre Hilfe und Zuneigung braucht. Ihr Körper ist nach Schwangerschaft und Geburt genauso hilfebedürftig wie ein kleines Kind und es würde ihm guttun, wenn Sie ihn so lieben könnten wie Ihren Säugling.

Natürlich brauchen Sie gerade jetzt die Hilfe und Unterstützung Ihres Mannes – wenn Sie aber darauf warten, und nichts alleine tun, werden Sie enttäuscht sein. In dem Moment, in dem Sie anfangen, gut zu sich zu sein, ändert sich etwas – auch in der Beziehung zu Ihrem Mann und Ihrem Kind.

Unbedingt notwendig ist die Rückbildungsgymnastik, denn von allein wird Ihr Bauch nicht wieder so wie er war. Am schönsten ist es, einen Kurs zu besuchen, weil Ihnen der Kontakt zu anderen Frauen bestimmt guttut. Wenn Sie das nicht können, besorgen Sie sich ein Heft (manchmal liegen sie bei FrauenärztInnen oder im Krankenhaus aus), ein Buch oder eine Kassette, nach denen Sie die Übungen ausführen können. Die auf Seite 26 erwähnten Yoga-Übungen helfen Ihnen, körperlich und geistig fit zu bleiben.

Sehr wichtig für Sie und Ihr Kind sind gesunde Ernährung. Das heißt kein Zucker, so wenig Fleisch wie möglich, wenig tierisches Fett und soviel Obst, Gemüse und Vollkorn in Form von Müsli und Brot, wie Sie mögen. Es gibt verschiedene Theorien über gesunde Ernährung, die Sie keineswegs alle kennen müssen. Daß volles Korn, Obst und Gemüse – wenn möglich ungespritzt aus dem Bioladen – gesund, Zucker, Fett und Fleisch dagegen ungesund sind, ist unumstritten. Es ist auch nachgewiesen, daß die Muttermilch von Frauen, die sich vegetarisch ernähren, weniger Giftstoffe enthält. Weil ich meine Kinder lange gestillt habe, stellte ich ihrer Gesundheit zuliebe meine Ernährung um. Das Ergebnis ist, daß ich selber gesund bin und mich viel besser fühlte. Auch die Gier nach Süßem ist völlig verschwunden. Ich esse gern – aber bestimmte Nahrungsmittel brauche und will ich einfach nicht mehr. »Der Mensch ist, was er ißt«, lautet ein Sprichwort. Tatsächlich ist der Einfluß der Ernährung auf Körper und Psyche inzwischen unumstritten. Versuchen Sie zum Beispiel einmal, sich bei einem Stimmungstief nur von rohem Obst und Gemüse zu ernähren!

[handschriftliche Anmerkung am rechten Rand:] von wem? wer sagt das? Und wie würde es bewiesen?

[handschriftliche Anmerkung unten:] – und dann helfen die Blähungen ablenken oder was? Iss mal ohne Zucker, Fett und Fleisch und dann schau wie gesund Du bist!

65

Bevor Sie irgendeine Diät anfangen, weil Sie sich Sorgen um Ihre Figur machen, essen Sie einen Monat lang nur Gesundes und testen Sie, wie Sie sich fühlen und wie Sie aussehen. Was Sie auf jeden Fall vermeiden sollten, ist ein Kampf gegen sich selbst. Hierbei verlieren Sie immer. Sollten Sie sich bei einem solchen Kampf ertappen, empfehle ich Ihnen folgende *Übung gegen inneren Konflikt und Zerrissenheit:*

1. Sie sehen zwei Seiten, zum Beispiel einerseits wollen Sie ganz für Ihr Kind da sein – andererseits möchten Sie unbedingt einen Yoga-Kurs besuchen. Benennen Sie für jede der Seiten ein Symbol oder eine Person. Machen Sie sich ein Bild von ihnen und setzen Sie eine jede symbolisch auf eine Handfläche (Mama-Frau kommt auf die rechte Hand, Kurs-Frau kommt auf die linke Hand).

2. Mama-Frau und Kurs-Frau (die beiden Personen oder Symbole) nehmen Kontakt miteinander auf und sagen sich offen, was sie voneinander halten, etwa:
   Mama-Frau: »Du bist egoistisch und kalt. Wie sehr dein Kind unter deiner Abwesenheit leidet, scheint dir völlig egal zu sein!«
   Kurs-Frau: »Du bist dumm und unsportlich. Was aus deiner Gesundheit wird, ist dir wohl völlig egal. Du gibst vor, Opfer zu bringen und ruinierst dich dabei!«

3. Jeder der beiden Personen/Symbole hat Ziele und Werte. Lassen Sie sich diese gegenseitig mitteilen:
   Mama-Frau: »Die Liebe zu meinem Kind geht mir über alles!«
   Kurs-Frau: »Meine Gesundheit geht mir über alles!«

4. Die beiden Personen/Symbole erkennen, daß sie ihre

Ziele nicht erreichen können, solange sie sich gegenseitig bekämpfen. Sie erkennen, daß sie sich gegenseitig blockieren.

Mama-Frau: »Wenn ich mit meinem Kind spielen will, fühle ich mich oft so schlapp und lustlos. Ich denke dann: Ich müßte mal wieder was für mich tun – aber das geht ja nicht.«

Kurs-Frau: »Wenn ich meine Kurse besuchen will, habe ich immer ein schlechtes Gewissen und denke an mein Kind. Ich kann mich dann nur schwer konzentrieren.«

5. Jeder dieser Personen/Symbole besitzt natürliche wichtige Qualitäten und Fähigkeiten.

   Mama-Frau: »Ich bin weich und nachgiebig und bringe gern Opfer für die, die ich liebe.«

   Kurs-Frau: »Ich bin gesund und voll Kraft. Ich sorge gut für mich selber.«

6. Die beiden Kontrahentinnen überlegen, welche Qualitäten und Fähigkeiten des anderen vielleicht auch ihr selber nützlich sein könnten.

   Mama-Frau: »Wenn ich mich etwas mehr um mich selbst kümmern würde, wäre ich öfter ausgeglichen und fröhlich.«

   Kurs-Frau: »Wenn ich mich mehr um andere sorgte, bekäme ich viel Liebe zurück. Und die brauche ich auch. Jedes Angelächeltwerden macht stark.«

7. Die beiden Frauen treten in Verhandlung miteinander. Sie treffen ein Abkommen, das beiden hilft, eigene Ziele besser zu erreichen. Das Abkommen ist fair und gerecht.

   Mama-Frau: »Eine Stunde für Yoga am Tag ist nicht zu viel verlangt. Danach kann ich mich entspannt und mit Freude wieder meinem Kind zuwenden.«

Kurs-Frau: »Wenn ich jeden Tag eine ganze Stunde für mich habe, reicht das.«

8. Die beiden Gegnerinnen – dargestellt durch Ihre rechte und linke Hand – kommen sich näher und umarmen sich. Sie verschmelzen zu einer Person.

Aromatherapie: Himmlische Düfte im grauen Alltag
Spätestens während der Schwangerschaft werden Sie bemerkt haben, wie sehr Sie auf Gerüche reagieren. Nach meinen Erfahrungen sind Kinder und Frauen besonders empfänglich für Duftstoffe: meine vierjährige Tochter kann nach dem Geruch feststellen, wer ein Kleidungsstück getragen hat und ich kenne viele Frauen, die vom Duft eines Babys verzückt werden. Lavendelfelder oder der Duft frisch gebackenen Brotes wecken Erinnerungen, beflügeln die Seele. Düfte können animieren und betören, heilen und anziehen. Außerdem haben Frauen mit Düften schon vor Jahrtausenden Männer verführt, Krankheiten geheilt.
Was Frauen und Eingeweihte schon lange wissen, ist in unserem Jahrhundert auch wissenschaftlich bestätigt worden. Ätherische Öle, das sind aus Pflanzen gewonnene duftende Essenzen, heilen. Bis heute basieren ein Drittel aller Medikamente auf ätherischen Ölen – sie verbergen sich allerdings hinter Namen, die ihre Herkunft aus der Pflanzenwelt nicht mehr vermuten läßt. Thymianöl ist zum Beispiel ein hervorragendes Antiseptikum und Zimtöl kann dem Thyphuserreger in zwölf Minuten den Garaus machen. Als während der großen Pest in London 1665 viele Menschen starben, blieben die Arbeiter der Parfumerzeugung auffällig verschont: sie gingen ausschließlich mit naturbelassenen ätherischen Ölen um.
Diese flüchtigen Öle wirken über die Riechzellen der Na-

senschleimhaut direkt auf unser Zentralnervensystem. Riechzellen sind praktisch Gehirnzellen: Fliegt ein Duftmolekül durch die Nase auf den sogenannten »Duftkolben« (Bulbus Olfactorius), trifft er auf Nervenzellen, die im Gehirn eine Reaktion auslösen. Duftmoleküle aktivieren das limbische System, das ein komplettes Netzwerk aus Nervenbahnen darstellt und eine wichtige Rolle für unsere Gefühle spielt. Außerdem wird über verschiedene Drüsen das endokrine System aktiviert, das Einfluß auf Nerven, Hormone, Körpertemperatur, Verdauung und sexuelle Erregung nimmt.

So spielen Düfte auch im Leben der Menschen eine größere Rolle, als allgemein angenommen wird und ich selber habe erfahren, wie stark mir ätherische Öle helfen, auch im stressigen Alltag besser zurechtzukommen.

Ich benutze ätherische Öle als Hilfe gegen Krankheiten, zur Verbesserung meiner Stimmung, zur Entspannung und für die Liebe.

Ätherische Öle wirken durch Einatmen. Hierzu kann man eine Duftlampe benutzen, ein mit Wasser getränktes Tuch auf die Heizung legen (während der Heizungsperiode) oder auch ein Bad zubereiten.

Beim Baden zieht das ätherische Öl gleichzeitig durch die Haut ein. Die Haut, unser größtes Organ, ist für die Aufnahme aller Stoffe sehr empfänglich, daher sind Massagen auch so wirksam. Hierfür fügt man der benötigten Menge reinen Pflanzenöls (Haselnußöl, Weizenkeimöl, Mandelöl oder Jojobaöl) einige Tropfen ätherischen Öls zu.

Massage gehört zu den ältesten Formen des Heilens und für mich gibt es kaum eine schönere Erfahrung, als die Heilkraft unserer Hände wiederzuentdecken. Intuitiv weiß jede Frau, daß es hilft, ein Kind zu streicheln und in den

Arm zu nehmen. Zärtliche und intuitive Massage mit einem für die speziellen Bedürfnisse angefertigten Massageöl ist nicht nur Hilfe im Alltag mit Kindern, sondern Wohltat und Genuß. Bedingung ist, daß sowohl das Kind aber auch Sie zu der Massage bereit sind und niemals etwas erzwungen wird. Massagen, die Laien ausüben, sollten immer zärtlich sein, das heißt ohne Druck ausgeübt werden.

Die Hände sollten also nie drücken, sondern fließend über den Körper streichen. Diese einfachen streichelnden Bewegungen bewirken schon viel – aus einem Massagebuch können Sie sich aber auch einige gezielte Bewegungen abgucken.

Ich empfehle Ihnen, sich in anstrengenden Lebensphasen mit dem Luxus ätherischer Öle zu umgeben und sich hierfür einige spezielle Ölmischungen zusammenzustellen. Pflanzliche fette Öle kombiniert mit flüchtigen ätherischen Ölen wirken sowohl durch die Haut, als auch durch die Nasenschleimhaut und sind daher besonders wirksam. Sie helfen, Krankheiten vorzubeugen, Insekten abzuwehren, Kraft zu schöpfen, einfach zu entspannen oder sexuell stimuliert zu werden.

Wenn Ihr Partner Ihnen abends eine zärtliche Massage mit einem eigens für Sie zusammengestellten Öl gibt, vergessen Sie die Sorgen, Anstrengungen und Enttäuschungen des Tages und Sie können sich öffnen für ein harmonisches lustvolles Zusammensein.

Diese Massagen können Ihnen als Eltern sehr kleiner Kinder auch über die sexuellen Probleme hinweghelfen, die alle Paare nach der Geburt eines Kindes haben. Fast alle Frauen haben in den Monaten nach der Geburt eines Kindes zunächst kein sexuelles Verlangen. Mit Hilfe der Massage können Sie sich aber sexuell stimulieren, ohne daß Ihr Mann in Sie eindringt.

Wenn Sie morgens nach dem Aufstehen (oder Duschen) Ihren Körper und auch Ihre Füße sehr sorgfältig mit einem typischen »Morgenöl« einmassieren, können Sie Ihren Tag aktiv und kraftvoll beginnen.

Eine Duftlampe, am Nachmittag angezündet, oder ein paar Tropfen »Notöl« auf die Blutadern an den Handgelenken getupft, lassen Sie Streßphasen oder Krisensituationen besser überstehen.

Wenn Sie nicht allzuviel Geld ausgeben wollen und noch skeptisch sind, ob die Aromatherapie auch etwas für Sie ist, empfehle ich Ihnen, mit Orangen- und Zitronenöl zu beginnen. Diese sind relativ preiswert, weil sie aus der Schale gewonnen werden, die sehr ergiebig ist. Sie sind außerdem sehr wirksam und vielfältig verwendbar. *Zitrone* erfrischt und muntert auf, unterstützt Sie bei geistigen Arbeiten oder wenn Sie sich sonst konzentrieren müssen. In einigen japanischen Büros wird es schon als äußerst wirksames Mittel gegen Tippfehler verwendet. Es kann auch vorbeugend gegen Infekte eingenommen werden, wenn Sie ein reines Öl aus biologischem Anbau wählen.

Orange harmonisiert und stärkt, macht fröhlich und ausgeglichen.

Im folgenden führe ich einige Rezepte an, die ich selber seit Jahren mit Erfolg benutze und in meiner Familie ausprobiert habe.

Allgemeines Massageöl (in eine dunkle Flasche abfüllen)

    20 ml Aprikosenkernöl (oder Mandelöl)
    80 ml Jojobaöl
    5 Tropfen Mandarine (ätherisches Öl)

2 Tropfen Neroli (das sind Orangenblüten)
4 Tropfen Rosenholz (ätherisches Öl)
5 Tropfen Lavendel (ätherisches Öl)

Dieses Öl muntert auf, hilft auch bei Allergien und hält Insekten fern. Es schützt vor Sonnenbrand und wird auch schon von Babys vertragen.

Die folgenden Rezepte bestehen aus Mischungen, die Sie entweder mit Wasser in eine Duftlampe geben oder mit fünf Eßlöffeln Pflanzenöl vermischt als Massageöl verwenden können. Der Einfachheit halber nenne ich nur den Pflanzennamen, obwohl ich das ätherische Öl dieser Pflanze meine.
Sie können die Mischungen natürlich auch in größeren Mengen herstellen und sich so eine Art »gefühlsmäßige Hausapotheke« zusammenstellen. Generell sollten ätherische Öle sparsam benutzt werden, weil sie auch in kleinsten Mengen wirken, um die Pflanzen zu schützen und natürlich auch, weil sie teuer sind.
Alle Mischungen eignen sich auch für Bäder. Dann können Sie noch Honig oder Milch hinzufügen.

Bei seelischer Erschütterung

4 Tropfen Rosenöl
1 Tropfen römische Kamille
2 Tropfen Neroli

Gegen Traurigkeit

3 Tropfen marokkanische Rose
4 Tropfen Neroli
2 Tropfen Rosmarin

Bei Abgespanntheit, schmerzenden Beinen und Hektik

3 Tropfen Grapefruit
2 Tropfen Ingwer
1 Tropfen Ylang-Ylang

oder (vielleicht riechen Sie das lieber):

3 Tropfen Lavendel
2 Tropfen Basilikum
3 Tropfen Zitrone

Zur Aufmunterung und Erfrischung am Morgen

2 Tropfen Rosmarin
2 Tropfen Wacholder
2 Tropfen Zitrone
2 Tropfen Bergamotte

Zum guten Einschlafen

6 Tropfen Lavendel
5 Tropfen Kamille
2 Tropfen Rose

Gegen das prämenstruelle Syndrom

4 Tropfen bulgarische Rose
2 Tropfen Bergamotte
(ins Badewasser auf 2 Eßlöffel Öl zur Massage)

oder:

2 Tropfen Bergamotte
4 Tropfen Muskatellersalbei
3 Tropfen Bulgarische Rose
(ins Badewasser oder auf 4 Eßlöffel Öl)

Zur Steigerung der Lust auf Sex

Süßlich-blumiges Massageöl:

6 Tropfen Jasmin
6 Tropfen Rose
10 Tropfen Sandelholz
(auf 6 Eßlöffel Massageöl)

Herb-würziges Massageöl:

4 Tropfen Muskatnuß
5 Tropfen Bergamotte
3 Tropfen Koriander
10 Tropfen Ylang-Ylang

oder:

9 Tropfen Muskatellersalbei
4 Tropfen Ylang-Ylang
2 Tropfen Ingwer
1 Tropfen Bohnenkraut

In diesen Mischungen sind typische »Männeröle« wie Sandelholz und Ingwer vermischt mit typischen »Frauenölen« wie Rose und Jasmin. Wenn Ihnen das nicht gefällt, können Sie sich für schöne Stunden auch ein »Er-Öl« und ein »Sie-Öl« nach eigener Mixtur mischen.

Bevor Sie mit eigenen Experimenten beginnen, sollten Sie sich jedoch gründlicher als das hier möglich ist informieren. Einige wenige (hier nicht erwähnte) Öle wirken in großen Mengen innerlich eingenommen giftig, andere können zu Hautreizungen führen.

Alle ätherischen Öle sollten kindersicher und vor Sonne geschützt aufbewahrt werden.

Zum Weiterlesen:

Susanne Fischer-Rizzi: Himmlische Düfte. Aromatherapie: Anwendung wohlriechender Pflanzenessenzen und ihre Wirkung auf Körper und Seele. Hugendubel Verlag. München 8. Aufl. 1992

Valerie Ann Worwood: Liebesdürfte. Die Sinnlichkeit ätherischer Öle. Goldmann Verlag. München 1991

»Alle wollen was – und wo bleibe ich?«
Über den Umgang mit Nächsten-Liebe

Frauen wissen sehr viel von Nächstenliebe. Für andere zu sorgen und sich um andere zu kümmern, gehört zu den Aufgaben, die wir fast alle früh beigebracht bekamen und dann an unseren Puppen geübt haben.

Ich meine, es sind sehr schöne, beglückende und befriedigende Aufgaben und Fähigkeiten, die viele Frauen »von Natur aus« besitzen und erlernen. Was wir jedoch oft vergessen und ruhig von »den Männern« lernen sollten, ist auch an uns selbst zu denken und es uns selber gutgehen zu lassen.

Ich kenne viele Frauen, denen es nur richtig gutgeht, wenn alle um sie herum auch zufrieden sind.

Aber schon in der Bibel heißt es: Liebe Deinen Nächsten *wie Dich selbst*. Ich glaube, diesen Nachsatz haben wir über die Jahrtausende aus den Augen verloren oder überhört. Aber kann man überhaupt andere lieben, wenn man sich selbst nicht mag? Ich glaube nicht.

Selbstbewußtsein und das Gefühl, sehr viel wert zu sein, sind ein wichtiger Baustein der Mutterliebe. Aus dem Gefühl heraus, daß Sie täglich sehr viel leisten, daß Sie Einfluß nehmen und heilsam wirken, können Sie sehr viel Kraft beziehen.

Vielleicht haben Sie im Moment das Gefühl, eine schlechte Mutter, eine ausgelaugte Frau und überhaupt eine Versagerin zu sein? Haben Sie schon einmal beobachtet, was ein Tier tut, wenn es eine Weile sehr aktiv war? Es legt sich hin und schläft.

Anspannung und Entspannung, Anstrengung und Ruhe,

Arbeit und Pause sind natürliche Rhythmen. Bäume werfen ihre Blätter ab, um Kräfte für den neuen Frühling zu sammeln, Tiere machen Winterschlaf oder ruhen sich nach aktiven Phasen aus, Sonne und Mond gehen auf und unter. Wir Menschen glauben manchmal, die Natur überlisten zu müssen, halten uns mit Kaffee und Zigaretten, künstlichem Licht und Aufputschmitteln künstlich wach, um dann abends mit Hilfe von Schlaftabletten oder Beruhigungsmitteln einzuschlafen.

Wenn Sie sich selber mögen, versuchen Sie nicht, Ihre Natur zu überlisten. Wenn Sie sich fragen: Und wo bleibe ich?, nehmen Sie sich Zeit zum Ausruhen und Entspannen.

»Das geht ja gar nicht!« höre ich Sie sagen.

»Meine Kinder lassen das nicht zu!«

Meinen Sie nicht auch, daß Ihre Kinder lernen sollten, die Bedürfnisse anderer Menschen zu respektieren? Achten Sie ihre Bedürfnisse nicht auch?

Erinnern Sie sich einmal an eine Zeit, in der Sie sehr erfolgreich waren.

Wie genau haben Sie es angestellt, den Erfolg zu haben?

Was haben Sie getan?

Wie haben Sie ausgesehen?

Wie war Ihr Gesichtsausdruck?

Wie hörte sich Ihre Stimme an?

Welche Körperhaltung hatten Sie eingenommen?

Kennen Sie eine Musik, die gut zu diesem Erfolgserlebnis passen würde?

Schlüpfen Sie noch einmal in diese Frau von damals, sehen Sie die Welt mit ihren Augen, fühlen Sie mit ihren Gefühlen, riechen Sie, was sie riecht und hören Sie ihre mitreißende Erfolgsmusik. Sie sind diese Frau!

Wenn Sie sich ausruhen, werden Ihre Kinder eine Weile an Ihnen herumzerren, dies und jenes von Ihnen verlangen, schreien und dann schließlich akzeptieren, was Sie ihnen schon vorher gesagt haben: Mama muß sich ausruhen! Und wenn Sie sich wirklich sicher sind, daß es Ihr gutes Recht, ja sogar Ihre Pflicht ist, sich ab und zu, wann immer Sie es brauchen, eine Pause zu gönnen, werden Sie auch Wege finden, Ihren Kindern das zu erklären oder/und gemeinsam mit Ihrem Mann für bestimmte Absprachen zu sorgen.

Wann immer Sie sagen: Es geht nicht, weil die anderen ..., zweifeln Sie diesen Satz an. Sie allein sind es, die Entscheidungen über sich trifft! Sie sind kein armes Opfer, sondern eine erwachsene Frau, die verantwortlich handeln und für sich selbst sorgen kann.

Übungen, die Ihnen helfen, sich für Interessen einzusetzen und auf Ihren Rechten zu bestehen:

– Begegnung mit dem inneren Kind, S. 46/47
– Übung für innere Konflikte, S. 66-68

Ätherische Öle, die das Selbstbewußtsein stärken:

Angelika und Neroli. Sie können Sie darin unterstützen, die guten Eigenschaften an sich selbst zu entdecken und zu würdigen. Niemand kann Ihnen mehr Anerkennung zusprechen als Sie sich selbst.

III. Aus dem Alltag mit Kindern

Tränen nach der Geburt

Auch wenn Sie eine leichte, komplikationslose und glückliche Geburt hatten – und erst recht, wenn dies nicht so war –, kann es Ihnen passieren, daß Sie ein paar Tage später, wahrscheinlich am dritten Tag nach der Geburt, in ein großes, schwarzes Loch plumpsen. Sie fühlen sich matt und elend, und aus einer Traurigkeit heraus werden Sie wahrscheinlich noch hinzufügen wollen, daß Sie als Mutter schlecht, als Ehefrau unakzeptabel und sowieso apathisch und gleichgültig sind.

Im Gegensatz zu denen, die Sie vielleicht aufheitern wollen, möchte ich Ihnen empfehlen, es einmal mit dem Gegenteil zu versuchen: Steigern Sie sich noch tiefer in Ihre Trauer hinein, reden Sie sich zu, wie schlecht Sie sind und wie schrecklich die ganze Welt ist. Sagen Sie sich, daß Sie zu den wenigen hoffnungslosen Fällen auf dieser Welt gehören und treiben Sie es so lange auf die Spitze, bis Sie es satt haben.

Nebenbei bemerkt: Diese depressive Phase hat mehr mit Ihren Hormonen als mit Ihrem Muttersein zu tun. Beides hängt natürlich zusammen. Akzeptieren Sie, daß sich Ihr Körper nach der Geburt umstellen muß und daß sich zur Zeit in Ihnen ganz massive Ereignisse abspielen, die Sie wohl oder übel hinnehmen müssen. Vielleicht quält Sie zusätzlich noch der Trennungsschmerz, denn auch für den glücklichen Fall, daß Ihr Baby Tag und Nacht bei Ihnen ist, so wird es doch nie wieder der Teil von Ihnen, der es war. Akzeptieren Sie, daß Sie hierüber traurig sein dürfen und versuchen Sie nicht, sich von anderen mit einem billigen »Es ist doch alles so schön!« oder: »Du hast doch gar keinen Grund!« hinwegtrösten zu lassen.

Wenn Sie sich traurig fühlen, dann seien Sie traurig und weinen Sie sich aus bis zur letzten Träne. Das ist Ihr gutes Recht! Schon allein deshalb, weil alle um Sie herum auch deutlich sehen sollten, daß Sie Schonung brauchen. Unsere Urgroßmütter lagen nach der Entbindung zehn Tage fest im Bett. In allen Kulturen der Welt gibt es Bräuche und Riten, die diese Zeit nach der Geburt bis zum Ende des Wochenflusses als etwas Besonderes ausweisen, in denen Frauen besonderen Schutz und auch Abgeschiedenheit brauchen.

Heutzutage wird oft versucht, alles so leicht, fröhlich und unbeschwert hinzustellen und die Schattenseiten des Lebens zu verdrängen. Mütter mit Säuglingen müssen auf Fotos immer glückselig lächeln. Schenken Sie diesen seichten Verführern keinen Glauben! Das Leben mit Kindern ist oft zum Heulen und je mehr Sie das akzeptieren, desto leichter wird es Ihnen fallen, hin und wieder auch mal die schönen Seiten zu entdecken. Beides gehört zusammen wie Yin und Yang, Ebbe und Flut, Berg und Tal, Sommer und Winter. Erst wenn Sie soweit sind, daß Sie aus dem Loch herauskrabbeln möchten, probieren Sie folgendes aus:

1. Farben, die fröhlich machen:
   Orange und grün.
   Sie können sich zum Beispiel Bettwäsche in diesen Farben kaufen oder ihre alte färben, Seidentücher, eine Tischdecke oder neue Gardinen oder …

2. Edelsteine, die froh stimmen:
   Jaspis, Opal, Smaragd, Turmalin.
   Einen Edelstein könnte Ihnen der Vater Ihres Kindes oder Ihre beste Freundin schenken. Oder Sie kaufen sich selber einen!

3. Ätherische Öle, die aufheitern:
   Rose, Neroli, Orange, Bergamotte.

Schwierigkeiten mit Dreiecksbeziehungen

Wenn ein Kind geboren wird, bedeutet das nicht einfach nur, daß eine Person mehr da ist, die umsorgt werden muß. Wenn aus Zweien Drei werden, ergeben sich immer Probleme aus den wechselnden Koalitionen, die diese Menschen miteinander eingehen und nicht alle Paare bringen die Geduld und das Verantwortungsbewußtsein auf, sich auf diese neuen Beschwernisse, Verwirrungen und Abenteuer einzulassen. Ein Säugling braucht viel Zuwendung und entwickelt einen ganz eigenen Rhythmus, der keineswegs immer dem seiner Eltern entspricht. Vom Moment der Geburt an nimmt das Kind eine intensive Beziehung zu seinen Eltern auf. Und wenn seine Mutter es stillt, was sowohl für seine Entwicklung als auch für seine Gesundheit das beste wäre, setzt sich die Einheit, die zwischen beiden bestand, in anderer Form fort. Diese frühe Bindung, die bereits im Mutterleib bestand bzw. sich von dort aus entwickelte, ist notwendig und wichtig für jenes Urvertrauen, das Menschen die Kraft gibt, Schwierigkeiten im späteren Leben zu bewältigen.

Ich habe diese Phase jeweils als so heftige Verliebtheit in meine Kinder erlebt, daß mein Mann sich zurückgesetzt fühlen mußte. Es handelt sich aber keineswegs um einen naturgegebenen Prozeß! Es gibt Väter, die gerade in der ersten Phase – etwa nach einer komplizierten Geburt – die Hauptarbeit leisten. Schließlich hat das Neugeborene auch die Stimme seines Vaters schon ab dem 5. Monat durch die Bauchdecke wahrgenommen und »kennt« ihn bereits als ein Wesen neben der Mutter – falls die Eltern zusammenleben. Es gibt auch Väter, die geradezu vernarrt in Säuglinge sind – und wenn Sie das Glück haben, mit einem solchen Mann zusammenzuleben, werden Sie es möglicherweise gar nicht zu schätzen wissen, sondern eifersüchtig sein.

Wie immer Paare sich diese erste Zeit nach der Geburt gestalten, sie sind mit der Tatsache konfrontiert, daß ein kleines, forderndes Wesen in ihre Zweierbeziehung eingedrungen ist, das die Beziehung verändert. Es ergeben sich neue Möglichkeiten, aber auch neue Ansprüche.

Ihr kleines Monster brüllt und saugt Sie aus. Es schreit, um seinen Eltern Informationen über sich zu geben: Ich habe Hunger! Ich habe Bauchschmerzen! Ich langweile mich! Ich möchte bei Euch sein!

Selten sind Eltern in der Lage, dieses Geschrei als reine Information zu nehmen. Nicht nur das Geschrei strapaziert unsere Nerven, sondern besonders die Gefühle, die dabei in uns hochkommen. Es lohnt sich, daß Sie sich mit dem Vater Ihres Kindes in einer ruhigen Stunde darüber austauschen, welche Gefühle Sie haben, wenn Ihr Kind schreit. »Mein armes Kind fühlt sich nicht wohl. Daran bin ich schuld.« »Es lebt nicht gern bei uns.« »Wir versagen als Eltern/als Mutter/als Vater.« »Dieses kleine Miststück will uns mal wieder die schönsten Stunden verderben!« »Womit haben wir das verdient?«

Aletha Solter empfiehlt in ihrem sehr schönen Buch, die Kinder, die weder aus Hunger noch anderen abstellbaren körperlichen Leiden weinen, beim Schreien liebevoll zu halten und dabei daran zu denken, daß das Herauslassen aller Unmutsgefühle sehr entspannt. Vielleicht kennen Sie das ja von sich selbst: Ein Gewitter reinigt die Luft.

Weil Kinderhaben heute mehr und mehr zu einer Ausnahme als zu einer Regel wird und viele Eltern Skrupel haben, in diese kaputte, verschmutzte und gefahrvolle Welt noch

Kinder zu »setzen«, fällt auch das Ziehen von Grenzen den Kindern gegenüber besonders schwer. Viele Eltern haben ein ständig schlechtes Gewissen ihren Kindern gegenüber und wollen sie durch klare Verbote nicht zusätzlich frustrieren. Es besteht die Gefahr, diese Wunderwesen – die sie ja wirklich sind – zu vergöttern und sich ihnen zu unterwerfen. Kinder haben viel Göttliches – aber sie brauchen uns als Erwachsene, als Eltern, die für sie sorgen und auch Erfahrungen vermitteln. Dazu gehören auch Verbote und Regeln, die sinnvoll und einsehbar sind. Kinder testen diese Grenzerfahrungen immer wieder aus und indem wir wenige begründete »Neins« aussprechen, geben wir ihnen Halt und Orientierung. Fast in jeder Beziehung sind sich die Eltern sehr uneinig darüber, was nun wirklich erlaubt und verboten sein soll. Das ist insofern normal, als Sie und Ihr Partner aus verschiedenen Familien kommen und selber unterschiedlich erzogen wurden. Tauschen Sie sich darüber aus, was bei Ihnen zu Hause früher erlaubt und verboten war, wie Sie das fanden und was Sie davon übernehmen wollen und was nicht. Es ist faszinierend zu beobachten, daß wir uns doch immer wieder so verhalten, wie wir es »gewohnt« sind – auch wenn wir das ablehnen. Und das macht uns dann gerade ärgerlich – denn eigentlich wollen wir ja nicht so sein.

Wenn Sie sich nicht beide darauf einigen, gewisse, Ihnen beiden wichtige Regeln einzuhalten, wird es bald zu einer Koalition Elternteil-Kind gegen anderes Elternteil kommen. Hierdurch wird nicht nur das Kind innerlich verunsichert, sondern auch die Paarbeziehung der Eltern gerät in Gefahr. Kinder werden dann leicht zu Ersatzpartnern und Mütter oder Väter, die ihre eigenen kindlichen Bedürfnisse nicht befriedigen konnten, weichen darauf aus, diese bei einem

Kind statt bei einem Erwachsenen anzumelden. Von einem Kind Liebe zu erhalten, ist sehr viel leichter als von einem problembeladenen Erwachsenen. Jeder sollte darüber nachdenken, wo hier die Grenze zum Mißbrauch liegt.

Mißbrauch bedeutet, ein Kind für eigene Zwecke zu benutzen – und diese Gefahr ist in jeder Eltern-Kind-Beziehung angelegt. Bekommen wir nicht auch deshalb Kinder, um anderen zu beweisen, wozu wir fähig sind? Brüsten wir uns nicht alle gern mit unserem süßen Nachwuchs, der all das erreichen soll, was wir nicht bewerkstelligen? Wenn Kinder uns all die Liebe und den Erfolg geben sollen, den wir selber nicht bekamen, entsteht ein gefährliches Ungleichgewicht.

Kinder bedürfen der Liebe eines Erwachsenen. Ohne sie würden sie sterben. In gleichem Maß benötigen sie die Anerkennung ihrer Person, eine schützende Grenze, die Sicherheit und Orientierung ermöglicht und Grundlage für Selbstvertrauen ist. Kinder brauchen Autonomie! Daher ist es gut, wenn Kinder ihre Eltern als Erwachsene erleben können, die von ihnen abgegrenzt sind und zusammengehören und ihren Willen nach Eigenständigkeit akzeptieren.

Oft sind Kinder kleine Monster, die ihre Eltern zu verschlingen drohen. In einem solchen Verhalten drückt sich ihr Wille aus zu überleben, zu genießen und sich zu entwickeln. Wenn Erwachsene zu Monstern werden, die ihre Kinder zu verschlingen drohen – und sei es aus Liebe –, kommt es zu jenen Störungen, die nicht weniger schwer wiegen als Verwahrlosung.

Wenn Paare Eltern werden, besteht für sie die Chance, erwachsen zu werden. Und das bedeutet, nicht einfach zu schreien, sondern Wünsche und Bedürfnisse in Ruhe zu äußern. Es heißt, nicht jeden Wunsch sofort auf der Stelle erfüllt zu bekommen, sondern nach Wegen zu suchen und Geduld zu üben. Mit dem Erwachsenwerden verbinden sich ein größerer Überblick, lehrreiche Erfahrungen und Erprobungen. Wenn Sie sich mit Ihrem Partner hierüber verständigen können, ist das Glück auf Ihrer Seite – und auf der Ihres Kindes.

Keine Nacht mehr durchschlafen?

Obwohl es immer wieder ein paar glückliche Mütter gibt, die durchschlafende Kinder vorweisen können: rechnen Sie nicht damit, daß das bei Ihnen auch so ist. Wir haben nun seit 14 Jahren Kinder und wir schlafen seit 14 Jahren nicht »durch«.

Seltsamerweise habe ich bei meinem ersten Kind am meisten darunter gelitten. Natürlich, denn alles war neu und ungewohnt, aber der Hauptgrund, weshalb ich litt, war, daß ich immer versuchte, dagegen anzukämpfen und mich nicht auf einen veränderten Rhythmus einlassen wollte. Natürlich bekam ich damals auch jede Menge gutgemeinter Ratschläge – die keinerlei Veränderung brachten. Deshalb werde ich auch Ihnen keinen Ratschlag geben können. Obwohl ich vermute, daß unsere unbewußten Einstellungen dem Problem des Durchschlafens gegenüber auch eine Rolle spielen, so bin ich doch auch überzeugt, daß wir diese nächtlichen Störungen gelassen hinnehmen sollten. Je weniger Ärger wir beim Aufwachen verspüren, desto besser gelingt das Einschlafen.

Es gab Zeiten, in denen Mütter und Väter ihre Kinder nachts schreien ließen. Sicherlich »hilft« diese Methode, denn nach einigen Nächten wird wohl jedes Kind resigniert aufgeben und durchschlafen. Trotzdem finde ich das grausam und unnatürlich. Kein Tier läßt seine Jungen nachts allein. Und bevor diese Methoden »in Mode« kamen, gab es Jahrhunderte, wenn nicht Jahrtausende, in denen Kinder nicht nur ohne Kinderwagen aufwuchsen und getragen wurden, sondern auch nachts bei ihren Müttern lagen. Auf diese Weise müssen die Mütter, die natürlich stillen, gar nicht wach werden, denn sie versorgen ihre Kinder »im Schlaf«. Ich habe diese »Naturvölker-Methode« bei meinen letzten drei Kindern, die ich mehrere Jahre stillte, erfolgreich angewandt. Zwar trieb mich die Müdigkeit öfter früh ins Bett, tagsüber aber fühlte ich mich fit.

Fragen Sie einmal Bekannte, die keine Kinder haben, ob sie nachts durchschlafen. Die meisten wachen jede Nacht ein- bis zweimal auf. Der Unterschied ist allerdings, daß sie ihre Tiefschlafphasen ungestört durchschlafen können, was für einen erholsamen Schlaf entscheidend ist. Die erste Tiefschlafphase beginnt etwa 15 Minuten nach dem Einschlafen. Wenn Sie sich mit dieser Phase auf Ihr Kind einstellen, indem Sie berücksichtigen, um wieviel Uhr Ihr Baby üblicherweise aufwacht und kalkulieren, wann Sie etwa ins Bett gehen müßten, um nicht gestört zu werden, können Sie sich zumindest *eine* Tiefschlafphase erhalten. Nehmen wir an, Ihr Baby wacht immer um 23 Uhr auf. Wenn Sie um 21 Uhr oder nach 23 Uhr ins Bett gehen, können Sie sicher einige Stunden ungestört schlafen.

Viele Menschen nehmen in meinen Augen Schlafprobleme zu wichtig. Der Körper holt sich den Schlaf, den er braucht und es kann für Sie besser sein, sich mittags für ein paar Minuten hinzulegen und auch sonst so weit möglich auf Ihren Biorhythmus zu achten, als unbedingt acht Stunden »am Stück« zu schlafen. Legen Sie sich einfach zu Ihrem Baby auf den Teppich, wenn Sie müde sind und ruhen Sie sich aus.

Im übrigen: Lassen Sie sich von niemandem – auch nicht von mir – zu irgend etwas verleiten, sondern tun Sie das, was Sie tun möchten und schlafen Sie so, wie es für Sie gut ist. Nehmen Sie sich ein paar Minuten Zeit und folgen Sie Ihrer inneren Stimme. Was sagt sie Ihnen zum Thema

Schlafen? Teilen Sie diese inneren Wünsche auch Ihrem Kind unmißverständlich mit.

Wußten Sie, daß Säuglinge besonders sensible »Antennen« für unsere inneren Stimmen (und Stimmungen) haben? Ganz sicher können sie besser Gedanken lesen als jeder Erwachsene!

Es ist möglich, daß eine Mutter sagt: »Ich möchte durchschlafen!«, aber sie fühlt und hört innerlich: »Es gibt nichts Schöneres, als nachts einen duftenden, satten Säugling an der Brust zu haben!«

In dem Moment, wo Sie wirklich bereit sind, Ihr Kind auch innerlich nachts loszulassen und zu akzeptieren, daß Ihre Wege sich mehr und mehr trennen, werden Sie auch Wege finden, dies zu realisieren. Das wird nicht von heute auf morgen geschehen. Und wenn das Kind gerade zahnt, hat es wenig Sinn, sein plötzliches Durchschlafen zu erhoffen.

Es lohnt sich aber, sich nach dem Einschlafen des Kindes irgendwo gemütlich hinzusetzen und sich vollständig zu entspannen. Wenn Sie jetzt Ihre innere Aufmerksamkeit darauf richten, daß Sie eine ruhige, ungestörte Nacht verbringen wollen und Ihr Kind bitten, Sie erst wieder am Morgen zu wecken, wird sich etwas verändern. Entweder werden Sie inneren Widerstand oder Angst spüren bei dem Gedanken, Ihr Kind schliefe durch. Oder Ihr Kind wird nach einiger Zeit wirklich durchschlafen.

Warum Angst? Alle Eltern bekommen zunächst einen Schreck, wenn das Baby einmal besonders lange schläft. Nachrichten vom plötzlichen Kindstod lassen uns öfter an das Bett eilen, um zu horchen, ob das Kind noch atmet. Nächtliche Störungen sind auch beruhigend, weil sie deutlich machen: Ich habe ein lebendiges Kind mit ganz normalen, kleinen Leiden. In dem Maß, in dem Sie Vertrauen in die Gesundheit Ihres Kindes haben und Sicherheit bei dem Gedanken verspüren, daß es zehn Stunden allein schlafen könnte, wird Ihr Kind bereit sein, Ihnen diesen Gefallen zu tun.

Kleine Forscher unterwegs. Das Ausräumalter

Für die einen ist es ein »schreckliches Alter«, für die anderen die Fortsetzung eines faszinierenden Prozesses: die Entwicklung der kindlichen Intelligenz.

Gerade weil ich als Lehrerin viele lernbehinderte und geistig abgestumpfte Kinder kennengelernt habe, kann ich die Phase, in der das Kind lernt, sich von seiner Mutter fortzubewegen und auf Entdeckungsreise zu gehen, nicht wichtig genug nehmen. In dieser Zeit werden die Weichen gestellt für Konzentration, Ausdauer, Intelligenz und Kreativität.

Ich gebe zu, es ist aufwendig, die kleinen Forscher einerseits im Auge zu haben und andererseits gewähren zu lassen – schließlich gibt es hinterher immer eine Menge wegzuräumen. Ich kann Ihnen aber versichern, daß sich diese zeitliche Investition genauso bezahlt macht wie ein Bankkonto, auf das Sie jetzt schon für die spätere Ausbildung Ihres Kindes ansparen.

Die natürliche Neugier, die unglaubliche Ausdauer und Konzentration, die Krabbelkinder aufbringen können, wenn sie ihre Umwelt erforschen dürfen, gehört für mich zu den faszinierendsten Erfahrungen im Leben mit Kindern. Wenn Sie das Baby an allen Ihren Tätigkeiten beteiligen, müssen Sie auch in diesem »gefährlichen« Alter nur wenige gifitige und Unfall provozierende Dinge wegstellen (am besten, Sie schaffen diese ganz ab!) und können Ihr Kind in Ruhe beobachten. Was interessiert es besonders? Lassen Sie es Schubladen und Schränke durchforschen und billigen Sie ihm auch die Erfahrung zu, daß Porzellan zerbrechlich ist, daß es spitze und stumpfe Gegenstände gibt, nasse und trockene, warme und kalte.

Wahrscheinlich werden Sie ihm bald das Wort »heiß« vermitteln, wenn es in die Nähe des Herdes oder einer Flamme kommt. Sie werden sehen und sich freuen, wie schnell es lernt, Gefährliches zu vermeiden, weil es unter Ihrer Aufsicht erfahren durfte, daß Nadeln piken und Messer schneiden, daß Feuer brennt, daß nicht alles schmeckt, was man in den Mund führt. In Zeitungen ist immer wieder von schrecklichen Unfällen zu lesen, die Kleinkindern im Haushalt zustoßen. Kinder, die schon im Krabbelalter erfahren dürfen, daß es gefährliche Dinge gibt und daß die Warnungen der Eltern berechtigt sind, schützen sich selbst eher, als Kinder, die mit einem »nein!« und einem Weggetragenwerden von der Gefahr getrennt werden. Zeigen Sie Ihrem Kind, wo es sich schneiden, stoßen, verbrennen oder weh tun kann. Versetzen Sie sich einmal um Jahre zurück. Wie haben Sie gelernt? Wie haben Sie Gefahren kennen- und einschätzen gelernt? Welche Gebote Ihrer Eltern konnten Sie am leichtesten befolgen? Welche halten Sie bis heute nicht ein? Ein paar Tips für das Ausräumalter haben sich in meiner Familie bewährt:

Richten Sie eine besondere Schublade ein, die Sie dafür freiräumen, oder füllen Sie ein großes Glas oder einen Beutel mit allerlei Wunderdingen. Stellen Sie diese Ihrem Kind dann zur Verfügung, wenn Sie ein bißchen Zeit für sich brauchen. Solche Wunderdinge könnten sein:

- ein großer Stein oder ungiftiger Kristall, der so groß ist, daß er nicht verschluckt werden kann
- ein Sieb
- ein Topfkratzer aus Plastik
- ein Stück Fell
- eine Feder
- eine Kette mit ungiftigen Perlen

- ein Schlüsselbund
- ein Schwamm
- eine große Lupe
- ein Stück Holz, gut abgeschliffen
- ein Seidentuch
- Stoffreste

Im Sommer sind Wasserspiele sehr ergiebig. Sammeln Sie Flaschen verschiedener Größe, Farbe und Form. Geben Sie Ihrem Kind einen Trichter und eine kleine Gießkanne oder Plastik-Puppenkanne. Es wird wunderbare Erfahrungen machen!

Unbedingt sollten Sie einen Spiegel oder Spiegelfolie sicher so anbringen, daß sich Ihr Kind betrachten aber nicht verletzen kann. Besonders aufregend sind dreiteilige Spiegel mit beweglichen Außenteilen. Solche erhält man billig beim Trödler oder über eine Annonce. Spiegelfolie gibt es in Dekorationsgeschäften. Wenn Sie jetzt noch eine Dose Hautcreme danebenstellen und Ihr Kind nackt experimentieren lassen, wird nicht nur Ihr Kind Spaß haben.

Zum Weiterlesen:
Marianne Austermann/Gesa Wohlleben: Zehn kleine Krabbelfinger. Spiel und Spaß mit unseren Kleinsten. Kösel-Verlag. München 6. Aufl. 1992

Kindergarten – oder was sonst?

Kann man einem kleinen Kind und seiner Mutter etwas Besseres antun, als ihnen die Möglichkeit zu geben, sich für ein paar Stunden voneinander zu erholen? Sollte der Abstand von der eigenen Familie nicht Menschenrecht sein?

Bei dem Gedanken an die Kindergartensituation in unserem Land kann sich eine Mutter allerdings schwer entspannen. Im Gegenteil: Streß wird sich kaum vermeiden lassen, wenn Sie den Wunsch haben, Ihr Kind in einem Kindergarten betreuen zu lassen.

Ein kleiner Mensch ist von Geburt an wißbegierig. Diese natürliche Neugier ist gepaart mit der Sehnsucht nach Geborgenheit und Schutz, nach unveränderten, vertrauten Bedingungen. So vollzieht sich Entwicklung zwischen den Polen Neugier und Schutz, Lernen und Vertrauen. Ohne Anregungen von außen wird Lernen begrenzt. Je größer das kindliche Vertrauen in die Bindungen der Familie ist, desto sicherer kann es sich von ihr fortbewegen um eigene, neue Erfahrungen zu sammeln. Wie forsch oder zurückhaltend, mutig oder ängstlich Kinder auf ihre Umwelt zugehen, hängt von ihrem Charakter, ihren ureigensten Erfahrungen und den vielfältigen Reaktionen der Umwelt ab. Jedes Kind ist verschieden und jedes Verallgemeinern wäre fehl am Platz.

Kontakte zu anderen Menschen aufnehmen zu können, ist jedoch eine Fähigkeit, die für die körperliche und seelische Gesundheit notwendig ist. Babys sind schon in den ersten Lebensmonaten zu solchen Kontakten in der Lage, halbjährige Kinder spielen bereits zusammen, indem sie sich berühren, anlächeln, sich gegenseitig etwas wegnehmen usw.

Wer jemals solche Babygruppen beobachten konnte, wird mir zustimmen, daß diese Erfahrungen wichtig sind. Kinder leiden in der Regel nur dann in Gruppen, wenn sie kein Vertrauen entwickeln können – zum Beispiel bei wechselnden ErzieherInnen und in schlecht ausgestatteten Räumen. Sie leiden aber auch zu Hause, wenn sie mit ihrer unzufriedenen Mutter allein im tagtäglich gleichen Haushalt sind und alle Stimmungsschwankungen aushalten oder gar ausgleichen sollen.

Je älter Kinder werden, desto mehr suchen sie von sich aus Kontakte und Anregungen. Nicht selten kann man Kleinkinder sehen, die andere vom Kinderwagen aus anlächeln. Gute Kindergruppen sind daher spätestens für Zweijährige wichtig, genauso wichtig wie ausgeglichene Mütter, liebevolle Familien, gesunde Luft, Ernährung und eine menschenfreundliche Umwelt. Das Problem ist, daß es zu wenig solche Angebote gibt. Hinzu kommt, daß von den vorhandenen viele – insbesondere Kindergärten – unter dem Niveau liegen, was an Ausstattung und Angebot möglich wäre.

Nicht zu Unrecht beklagen sich Erzieherinnen immer wieder über ihre schlechten Arbeitsbedingungen, die manche Kindergärten zu Verwahranstalten verkommen lassen. Beispiele aus der Bundesrepublik – und aus anderen Ländern machen jedoch Mut. Die Krippen und Kindergärten aus der Region Reggio in Italien sind in vielen Städten der Bundesrepublik durch Ausstellungen und Fortbildungsmöglichkeiten bekannt geworden. Sie machen deutlich: Es geht! Kinder können sich in öffentlichen Einrichtungen sehr wohl fühlen und zudem in ihrer Entwicklung enorm gefördert werden.

Was tut nun aber eine gestreßte Mutter, die keinen Kindergarten in ihrer Umgebung hat? Sie muß selber aktiv werden, wenn sie ihre Lage verändern will. Wichtig ist zunächst der Kontakt zu anderen Müttern in ähnlicher Situation. Sie können ihn über eine Anzeige in einer Zeitung, über einen Aushang in der Säuglingsfürsorge, beim Kinderarzt oder im Supermarkt herstellen. Auch auf Spielplätzen, in Still- oder Gymnastikgruppen lassen sich solche Kontakte herstellen.

Folgende Aktivitäten sind denkbar:

– Treffen, Briefe schreiben, Unterschriftenaktionen mit dem Ziel, einen städtischen oder kirchlichen Kindergarten einzurichten.

– Informationen über die Möglichkeiten der Einrichtung einer Eltern-Initiativ-Kindertagesstätte, das heißt eines von Eltern mitorganisierten und -getragenen Kindergartens sammeln.

– Eine privat bezahlte, per Anzeige gesuchte oder vom Staat bezahlte Tagesmutter suchen (Informationen über das Jugendamt).

– Die Organisation eines Müttertreffs; einfach nur zum Klönen oder mit dem Ziel, sich in der Betreuung der Kinder abzuwechseln.

– Die Gründung einer eigenen Spielgruppe: Sie nehmen mehrere Kinder zu sich und spielen mit diesen gegen Bezahlung oder umsonst.

– Die Beschäftigung einer eigenen Erzieherin: Mehrere Eltern tun sich zusammen und suchen sich eine Erzieherin, deren Gehalt sie sich teilen. Die Betreuung findet in einer geeigneten Wohnung eines Elternpaares statt.

Möglicherweise fragen Sie sich jetzt, was diese Aktivitäten in einem Buch für gestreßte Mütter zu tun haben, denn sie sind alles andere als Rezepte gegen Streß. Gerade wenn Sie jedoch nicht berufstätig sind, kann es viel Spaß machen, andere Mütter kennenzulernen und gemeinsam neue Erfahrungen zu sammeln. Auch machen sich Aktivitäten häufig dadurch bezahlt, daß sich hinterher die Früchte ernten lassen: ein glückliches Kind, das mit vielen Freunden spielt und das schöne Gefühl: es ist gut aufgehoben.

Tips für die Suche nach einem geeigneten Kindergarten:

- Prüfen Sie durch Herumhören und Wälzen des Telefonbuches die Möglichkeiten, einen Kindergarten in Ihrer Nähe zu finden. Vorurteile sollten Sie dabei zugunsten eigener Beurteilung aufgeben. Lassen Sie sich vielmehr von dem Gefühl leiten, das Sie beim Betreten der Einrichtung überkommt. Geeignete Kindergärten haben auch eine angenehme »Ausstrahlung«.

- Melden Sie Ihr Kind bald nach seiner Geburt in der Einrichtung Ihrer Wahl an. Lassen Sie sich durch lange Wartelisten und Bemerkungen, die wenig Anlaß zu Hoffnung geben, nicht entmutigen.

- Halten Sie durch und notieren Sie die Telefonnummer regelmäßig in Ihrem Kalender. So vergessen Sie nicht, in regelmäßigen Abständen nachzufragen. Freundliches Drängen ist angebracht! Außerdem macht jedes Kind auf der Warteliste auch politisch Druck. Betrachten Sie andere Mütter nicht als Konkurrentinnen, sondern Verbündete. Gemeinsam sind wir stärker!

Zum Weiterlesen:
Gisela Hermann u.a.: Krippen und Kindergärten in Reggio/Emilia, »Das Auge schläft, bis es der Geist mit einer Frage weckt«. FIPP Verlag, Elßholzstr. 4, 1000 Berlin 30

Muttersein und Beruf oder:
Das Elend mit berufstätigen Vätern

Was in England, Schweden, Belgien und einigen anderen europäischen Ländern längst selbstverständlich ist, wird in der Bundesrepublik noch immer in Frage gestellt: die Berufstätigkeit von Müttern. Den Tatsachen und den wissenschaftlichen Forschungsergebnissen zum Trotz gibt es noch immer Politiker und sie tragende Meinungen in der Bevölkerung, die behaupten, mütterliche Berufstätigkeit schade dem Kind. Tatsächlich sind 45% aller Frauen mit Kindern erwerbstätig. 40% arbeiten Vollzeit. Von der umgekehrten Tatsache, daß viele Söhne unter der mangelnden Anwesenheit ihrer Väter leiden, die sie als Identifikationsfiguren dringend brauchen, ist seltener die Rede. Auch wird die Doppelbelastung vieler Frauen durch Haushalt *und* Beruf selten so interpretiert, daß Paschas endlich »aus den Puschen« kommen müßten.

Tatsache ist, daß es Kindern, die unter guten Bedingungen (qualifizierte und feste Betreuungspersonen, liebevolle und kindgerechte Angebote und Ausstattung) »fremdbetreut« werden, gut geht und daß Mütter gern arbeiten, wenn sie ihre Kinder gut versorgt wissen und ihren Arbeitsplatz mögen.

Von allgemein guten Betreuungsmöglichkeiten kann in der Bundesrepublik nicht die Rede sein. Wie ich im letzten Kapitel jedoch schon ausgeführt habe, lohnt es sich, einerseits individuelle Lösungen zu suchen, andererseits sich sozialpolitisch zu engagieren. Neben den auf den Seiten 96 und 97 erwähnten Möglichkeiten gibt es auch familieninterne Lösungen, auf die viele Frauen gern zurückgreifen: Oma oder Hausmann, Tante oder Schwägerin. Obwohl dies im Einzelfall die ideale Lösung sein kann, möchte ich davor warnen. Wenn Oma die Kinderbetreuung übernimmt, werden alte Abhängigkeiten aktiviert und Streit über Erziehungsfragen mitunter vorprogrammiert. Der Kontakt zur Oma wird anstelle der anzustrebenden Freiwilligkeit zum Zwang – und dies geht eigentlich nie gut.

Hausmänner sind die Berufsgruppe mit der höchsten Scheidungsrate. Ich kann das nachvollziehen. Männer sind das »Dienen« nicht gewöhnt und werden zusätzlich noch öffentlich belächelt, wenn sie diese Rolle annehmen. Ich fürchte, daß so manche emanzipierte Frau zwar dankbar das gekochte Essen entgegennimmt und sich über die gewaschene Wäsche freut, in ihrem Inneren aber das Wunschbild von einem anderen Mann mit sich herumträgt. Umgekehrt hat ja auch so mancher berufstätige Vater neben seinem Hausmütterchen eine flotte Geliebte.

Außerdem kann ein *Tausch* der Rollen ja keine Veränderung zu mehr Gleichberechtigung bewirken. Es sei denn, er ist zeitlich begrenzt geplant (zum Beispiel Erziehungsurlaub). Auf diese Weise werden sicherlich Denkprozesse und fruchtbare Diskussionen in Gang gebracht.

Ganz großes Glück haben Frauen, die einen Betriebskindergarten vorfinden. Aber auch da, wo ein solcher nicht vorhanden ist, können Mütter und Väter sich gemeinsam dafür einsetzen. Dies entspricht auch allen neueren Trends im Management: Zufriedene MitarbeiterInnen sind die besten und zuverlässigsten. Soziale Investitionen machen sich bezahlt – auch für den Chef.

Dramatisch kann die Lage allerdings werden, wenn Kinder erkranken. Seit dem 1. Januar 1992 können sich Mütter und Väter pro Jahr und Kind unter zwölf Jahren bis zu zehn Tagen (insgesamt 25 Tage) von der Arbeit freistellen lassen, falls der Nachwuchs krank wird. Alleinerziehende Mütter dürfen pro Kind 20 Tage (insgesamt maximal 50 Tage) in Anspruch nehmen.

Wer anschließend noch Betreuung braucht und keine Oma hat, die für den Notfall einspringen kann, sollte sich an die örtlichen Wohlfahrtsverbände wenden, die für solche Fälle Hilfskräfte vermitteln. Das kommt allerdings nur für ältere Kinder in Frage. Kleinkinder kann man schließlich nicht wildfremden Menschen überlassen, schon gar nicht, wenn sie krank sind. Ich kann daher nur allen Müttern in Notlagen empfehlen, sich selber krankschreiben zu lassen und habe damit gute Erfahrungen gemacht. Schließlich sind Kinderkrankheiten ansteckend!

Tips für berufstätige Mütter:

- Gewöhnen Sie sich ab, perfekt sein zu wollen. Irgendwo müssen Abstriche gemacht werden.

- Versuchen Sie, sich nach der Arbeit eine kleine Pause zu gönnen – und wenn es nur zehn Minuten sind. In dieser Zeit nehmen Sie Abstand vom Streß des Tages und stimmen sich auf Ihre Kinder ein.

- Rechnen Sie nicht unbedingt damit, daß Ihnen noch entspannte Stunden bevorstehen, sondern stellen Sie sich auf die kleinen Katastrophen ein, die Sie diesmal nicht unvorbereitet treffen werden, wenn Sie sich wieder dem Leben mit Kindern widmen. Was wäre das Schlimmste, das heute noch geschehen könnte? Wie könnten Sie sich in dieser Situation verhalten? Versuchen Sie, sich an einen guten Witzfilm mit Ihrem Lieblingskomiker zu erinnern.

- Berücksichtigen Sie, daß auch Ihr Kind einen langen »Arbeitstag« hinter sich hat, ihm jedoch die Gelassenheit fehlt, die nur erwachsene Menschen haben können.

- Prüfen Sie Ihre Schuldgefühle. Sie können sie haben, aber Sie *sind* sie nicht. Außerdem ändern Sie dadurch nichts zum Guten. Sagen Sie sich immer wieder, daß nicht die Länge der Zeit, sondern die Qualität der Zeit, die Sie gemeinsam mit Ihrem Kind verbringen, entscheidend ist. Eine U-Bahn-Fahrt vom Kindergarten zurück kann zu einem unvergeßlichen Erlebnis werden, wenn Sie sich die Mühe machen, Ihrem Kind Aufmerksamkeit zu schenken und ihm wirklich zuhören. Ein Lächeln oder Handauflegen von nur einer Sekunde im richtigen Augen-Blick kann mehrere Stunden des Zusammenseins ersetzen. Ein Kind braucht nicht die permanente Anwesenheit seiner Mutter, sondern das tiefsitzende Gefühl: ich werde geliebt, so wie ich bin. Dieses Gefühl entsteht nicht durch Worte allein, sondern durch Momente ungeteilter Aufmerksamkeit, des Zuhörens und Verstehens.

- Oft lohnt es sich, sich selbst einen Tritt zu geben, um dann hinterher die belohnende Ruhe zu finden. Liest man beispielsweise einem nörgelnden Kind erstmal ein Buch vor oder erfüllt ihm einen anderen Wunsch dieser Art, stellt sich eher Zufriedenheit ein und damit Zeit für die Dinge, die eigentlich zuerst erledigt werden sollten.

- Wenn Sie wirklich fix und fertig sind, verheimlichen Sie das nicht, sondern teilen Sie dies Ihrem Kind mit – auch durch entsprechendes Verhalten: Wenn Sie sich zum Beispiel mit einem Seufzer oder weinend aufs Bett werfen, wird Ihr Kind erleben (und nicht nur flüchtig hören), daß Sie Hilfe brauchen, und es verhält sich dann eher entsprechend rücksichtsvoll.

- Prüfen Sie in schwierigen Situationen nach Feierabend, ob Sie nicht gerade dabei sind, die schlechte Laune, die eigentlich Ihrem Chef gilt, auf Ihr Kind abzuschieben. Halten Sie inne und sagen Sie ihm, was los war und warum Sie so sauer sind.

Der ewige Streß beim Essen

Angeblich geschehen die meisten Kindesmißhandlungen in Zusammenhang mit Essen. »Liebe geht durch den Magen« und Haß ist der Schatten der Liebe. Er »schnürt uns den Magen zu«, verdirbt den Appetit und vielfältige Eß- und Verdauungsstörungen hängen mit dem Beziehungsgeflecht des Familienlebens zusammen. Kinder essen anders als Erwachsene und, wenn sie nicht durch Zwänge und Tricks verbogen werden – gesünder. Für Babys ist Essen genauso ein Forschungsgegenstand wie Wasser, Sand oder Ihr Schlüsselbund. Manche Erwachsene reagieren mit Ekel auf das kindliche Gemansche und diese Gefühle hängen wiederum mit ihrer eigenen Erziehung zusammen. Je gründlicher ihnen selbst das Manschen ausgetrieben wurde, desto heftiger reagieren sie darauf.

Auch das ist normal. Wichtig ist nur, daß man sich in Familien auf Tischregeln einigt, die begründet werden und einsichtig sind. Ständige Zurechtweisungen und Verbote verderben den Appetit genauso wie übertriebe Sorge und Bitten, doch noch ein Häppchen zu essen.

Wer Manschen bei Kleinkindern erdulden kann, sollte den Eßplatz in gebührendem Abstand zur frischen Tapete installieren und gegebenenfalls eine Wachstuchdecke unter den Hochstuhl legen. Auch ein Lätzchen mit Ärmeln kann nützlich sein. Diese Maßnahmen führen dazu, daß Ihr Kind schnell selbständig essen lernt und stolz auf seine Erfahrungen wird.

Wer nicht mag, daß Kleinkinder mit Essen spielen, nimmt ihnen mit einem »Nein« den Teller weg – vorausgesetzt, das Kind ist satt. Jetzt sollte ein attraktives Spielzeug oder eine kleine Kanne mit Wasser und eine Tasse bereitstehen, ungiftige Knete, magnetische Formen, die am Kühlschrank haften oder ein interessantes Bilderbuch – womit sich das kleine Kind beschäftigen kann, während die anderen essen. Mit älteren Kindern werden die Regeln besprochen und gemeinsam festgelegt. Wer deckt den Tisch? Welches Anfangsritual soll es geben? Wer räumt den Tisch ab? Wer darf aufstehen? Wer wäscht ab? Wichtig ist der offene Meinungsaustausch und Ehrlichkeit in der Anwendung der Regeln. Es ist zum Beispiel unaufrichtig, Kindern einen Vortrag über den Wert des Essens zu halten und hinterher die Reste in den Mülleimer zu schmeißen. Sinnvoll ist auch, sich in Familien über die Tischsitten in ihren Herkunftsfamilien auszutauschen. Lohnt es sich, einige dieser Regeln zu übernehmen? Welche auf keinen Fall und warum? Wollen Sie genau das Gegenteil tun? Sollte es in Ihrer Familie Unterschiede zwischen Alltags- und Festtagsessen geben?

Wenn beide Eltern berufstätig sind und die Kinder im Kindergarten essen, werden gemeinsame Mahlzeiten selten und es wird schwierig, diese zu schönen Erlebnissen werden zu lassen. Wenn man die Erwartungen aller Teilnehmer berücksichtigt, können solche Essen aber zu angenehmen Ereignissen werden. Je mehr Zwang angewendet wird, desto stressiger wird der Prozeß – daher lohnt es sich, *vorher* darüber nachzudenken, was erwünscht ist und erreicht werden soll. Ein lockeres Zusammensein mit Ketchupflecken oder ein stilvolles Menü nach allen Regeln der Kunst? Ich glaube, daß auch für Kinder beides seinen Reiz hat.

Gelassenheit beim Essen verringert die Probleme. Kinder bekommen sehr schnell heraus, an welchen Punkten sie ihre Eltern empfindlich treffen können und wenn Essen eine zentrale Rolle spielt, wählen sie diesen »wunden Punkt« bewußt aus, um auf Probleme aufmerksam zu machen. Nahrungsverweigerung, »Mätzchen« beim Essen oder Freßsucht kann es nur in Familien geben, denen Essen nicht gleichgültig ist. Wenn es für Sie jedoch nicht so wichtig ist, ob Ihr Kind viel oder wenig zu sich nimmt, wird es genau die Menge essen, die es braucht. Untersuchungen haben ergeben, daß Kinder genau das essen, was sie brauchen und eben die Nahrungsmittel verweigern, die ihnen nicht guttun. Man sollte dies unbedingt respektieren! Wußten Sie, daß auch Tiere, wenn sie krank sind, die Kräuter suchen, die sie brauchen, um gesund zu werden und sich auch sonst intuitiv gesundheitsfördernd verhalten? Kleine Kinder haben noch sehr viel von diesem intuitiven Wissen – wenn man sie nur läßt.

Unnatürliche Nahrungsmittel wie Süßigkeiten oder andere stark künstlich veränderte Produkte verderben solche Instinkte und trimmen Kinder auf künstliche Geschmacksrichtungen – was bis zur Sucht nach Süßem führen kann.

Eine sehr einfache Methode, dies zu verhindern, ist, diese Dinge nicht im Haus zu haben. Das setzt natürlich voraus, daß auch die Eltern bereit sind, auf Ungesundes zu verzichten. Aber ohne das Vorbild der Eltern sind Maßnahmen ohnehin wertlos.

Ich habe mit meinen vier Kindern in den acht Jahren, seitdem wir Vollwerternährung praktizieren, sehr gute Erfahrungen mit der Methode »nicht im Haus haben« – also auch nicht kaufen – gemacht. Trotz sehr unterschiedlicher Geschmäcker und gelegentlichem Süßigkeitenkauf vom Taschengeld, ist die Ernährung problemlos und gesund. Und wenn einer meiner Söhne außer Kartoffeln kein Gemüse anrührt, ist mir das egal, denn er ißt schüsselweise Müsli oder Vollkornbrot mit Butter. Mäkeln am Tisch ist bei uns verboten, aber niemand *muß* essen. Und wer von einer Mahlzeit gar nichts mag, darf sich selbst etwas anderes zubereiten.

Was für die eine Familie sinnvoll und gut erscheint, muß für die andere längst nicht passen. Manche Eltern finden es beispielsweise sehr wichtig, daß alle Kinder bis zum Ende der Mahlzeit am Tisch sitzen bleiben. Andere sind froh, wenn ihre Kinder aufstehen und spielen, damit Sie sich als Paar noch ungestört unterhalten können. Jede Familie sollte sich deshalb auf eigene, nützliche Regeln einigen, damit Essen für alle zum Vergnügen wird.

Bis an die Grenzen. Wenn Kinder krank sind

Auch die beste Gesundheitsvorsorge kann Kinderkrankheiten nicht völlig verhindern. Sie gehören zum Leben, sind wie Boten des Körpers an unseren Verstand. Wir können aber auf den Verlauf einer Krankheit Einfluß nehmen und haben viel mehr Möglichkeiten, Verantwortung für unsere Krankheiten zu übernehmen, als wir im allgemeinen wahrhaben wollen. Schon die Vorstellung, die wir von einer Krankheit haben, beeinflußt unsere Reaktion darauf. Richten wir all unser Interesse darauf, die Symptome zu unterdrücken oder haben wir die Gesundheit des ganzen Kindes mit Körper Geist und Seele im Auge?

Wenn wir Krankheiten mit innerer Ruhe begegnen, leisten wir unseren Kindern erste Hilfe. Sie gehen durch Schwierigkeiten, um daran zu wachsen. Deshalb kommen uns Kinder auch nach überstandenen Krankheiten oft verändert vor. Wenn wir einfach nur Symptome beseitigen, verhindern wir, die Selbstheilungskräfte zu aktivieren. Nehmen wir mal an, das Kind hat 39° Fieber. Mit Fieberzäpfchen ist es nach einer Stunde nahezu fieberfrei und fühlt sich recht gut. Das Symptom ist unterdrückt. Fieber dient jedoch gerade dem »Kampf gegen die Krankheit«, wie ich meinen Kindern erkläre. Es ist hilfreich, weil es die Selbstheilungskräfte aktiviert. Ich gebe meinen Kindern daher keine Fieberzäpfchen und konnte feststellen, daß sie immer seltener und dann auch kürzer Fieber bekamen. In den letzten Jahren war keines meiner Kinder länger als drei Tage krank.

Nun spielen hierbei sicherlich vielfältige Faktoren eine Rolle, ich möchte Eltern jedoch ermuntern, die Autorität mancher

Ärzte in Frage zu stellen, die nach kurzem Gespräch ein Rezept ausstellen und bei jeder Kleinigkeit Antibiotika verschreiben. Es lohnt sich daher unbedingt, nach einem guten Kinderarzt zu suchen und bei Unzufriedenheit den Mut zum Wechsel zu haben. Es gibt auch homöopathisch ausgebildete Kinderärzte oder solche, die andere alternative Heilmethoden zusätzlich gelernt haben.

Kinderkrankheiten bringen Eltern oft bis an die Grenzen ihrer Kräfte, zum Beispiel wenn aufgrund eines Magen-Darm-Infekts nachts dreimal die Bettwäsche gewechselt werden muß oder das Kind vor Schmerzen wimmert.

Ihr Vertrauen in die Fähigkeit eines Kindes, eine Krankheit zu überwinden und gestärkt aus ihr hervorzugehen, ist ein Faktor, den Sie nicht übersehen sollten. Untersuchungen haben ergeben, daß 30% aller Heilungen durch Suggestion möglich sind. Das heißt, der sogenannte Placebo-Effekt (wenn Patienten ein Medikament erhalten, das in Wirklichkeit nur aus Zucker besteht, von dem sie aber glauben, es helfe) wirkt bei 30% aller Kranken.

Kinder sind noch stärker als Erwachsene durch Suggestion beeinflußbar. Ich erzähle meinen Kindern daher Geschichten, die ihr Vertrauen in ihre körpereigenen Abwehrkräfte verstärken. Zum Beispiel:

»Während du hier liegst und deine Kräfte schonst, kämpfen in deinem Körper die guten Bakterien gegen die bösen. Mit jedem Einatmen gibst du den guten frische Kraft und mit jedem Ausatmen wird ein Teil der Krankheit aus deinem Körper herausgeblasen ... und während du hier liegst und ruhig ein- und ausatmest, wirst du bald in einen tiefen Schlaf fallen, der dir all die Kräfte gibt, die du brauchst, um dich wieder besser zu fühlen ...«

Oder: »Stell dir vor, daß du an einem Frühlingstag auf der

Wiese liegst; es ist Morgen und die Luft ist klar und frisch. Du spürst das sanfte, weiche Gras unter dir und alles duftet so frisch und gut ... Du liegst auf dem Rücken und schaust in den Himmel, der blau ist, klar und durchsichtig blau – deine Augen ruhen sich aus in diesem angenehmen Blau ... und während du so ruhig liegst und atmest, siehst du einen kleinen Schmetterling dahinflattern ... und du verfolgst ihn mit deinen Augen, bis er im Blau des Himmels verschwunden ist ... und während du noch nach dem Schmetterling suchst, bemerkst du eine kleine weiße Wolke, die hoch oben über den Himmel schwebt ... über den weiten, blauen Himmel, der so still ist, so sanft, so blau ... und du genießt die Ruhe mit jedem Atemzug und schläfst, solange du es brauchst ...«

Sehr gute Erfahrungen habe ich auch mit ätherischen Ölen bei Kindern gemacht. Sie wirken keimtötend und helfen auch durch die angenehme Stimmung, die sie verbreiten, Krankheiten besser zu überstehen oder erst gar nicht zu bekommen.

Lemongrasöl, das einen zitronenähnlichen Duft hat, wurde schon in Indien bei Fieber, Verdauungsbeschwerden und sogar Cholera als uraltes Heilmittel benutzt. In der Duftlampe beugt es Rachitis vor, erfrischt und muntert auf.

Lavendelöl beruhigt, lindert Schmerzen und fördert tiefen Schlaf, zum Beispiel bei Fieber. Im Herbst und Winter kann man es auf ein feuchtes Tuch träufeln, das auf den Heizkörper gelegt wird. Bei kleinen Verbrennungen und Insektenstichen darf es auch direkt auf die Haut – jedoch nicht in Augennähe – aufgetragen werden.

In Pflanzenöl geträufelt und auf Körpertemperatur erwärmt ins Ohr geträufelt, lindert es Ohrenschmerzen.

Römische Kamille beruhigt und regt die Verdauung an, wenn

man den Kinderbauch mit einer Mischung aus Pflanzenöl und Kamillenöltropfen sanft massiert.

Eukalyptus befreit die Atemwege und fördert das Durchschlafen bei Erkältungen. Man kann es auch auf das Kopfkissen träufeln oder gemeinsam mit Thymian, Pfefferminz und Kamille in die Duftlampe geben. In Apotheken erhältliche fertige Ölmischungen wie »Olbas« oder »Japanisches Heilpflanzenöl« tun ebenfalls sehr gute Dienste.

Rosenöl ist sehr teuer, aber wunderbar, hautfreundlich und hoch wirksam. Es ist außerdem völlig ungiftig. Ich würde es sehr kranken Kindern als Trost und gegen Angst gönnen zum Beispiel vor oder nach einer Operation oder schlimmen Erlebnissen.

Benzoe erwärmt die Haut und hilft bei Husten und Erkältung.

Weihrauch wirkt entspannend und vertieft den Atemrhythmus.

Myrrhe wirkt entzündungshemmend und schleimlösend.

Teebaum (teatree) hat eine stark antiseptische Wirkung, ohne die Haut zu reizen. Er beschleunigt die Heilung bei Wunden und Ausschlag und kann als Kompresse (Tuch in körperwarmes Wasser, das mit ätherischem Öl angereichert ist) aufgelegt werden.

Zärtliche, leichte Massagen mit einer Mischung aus ca. 5 Eßlöffeln Pflanzenöl und 5 bis 10 Tropfen ätherischen Öls nach Bedarf und Wahl beugen Krankheiten vor und verschaffen Wohlbehagen und Entspannung – vorausgesetzt, die Kinder mögen den Duft.

Auch selbst hergestellte Raumsprays verhindern die Ausbreitung von Krankheiten und sorgen für gute Luft: Man nimmt eine leere Deoflasche (Pumpsprüher), säubert sie gründlich und füllt sie mit lauwarmen Wasser, das mit ätherischem Öl angereichert wird. Eine sehr wirksame Mischung ist:

150 ml Wasser
10 Tropfen Eucalyptus
10 Tropfen Thymian
5 Tropfen Lavendel

(Wenn das Kind den Geruch überhaupt nicht mag, kann man 5 Tropfen Mandarine, Orange oder Rose hinzufügen.)

Zum Weiterlesen:
Dennis T. Jaffe: Kräfte der Selbstheilung. Klett-Cotta. Stuttgart 3. Aufl. 1990 (bezieht sich auf Erwachsene)
Claire Gauch: Die Macht der Zärtlichkeit. Wege zur intuitiven Kindermassage. AT Verlag. Aarau 1990
Christine Stead: Aromatherapie. Heilen mit ätherischen Ölen. Econ Taschenbuch. Düsseldorf 11. Aufl. 1992
Peter Walker: Baby Massage. Für ein gesundes, glückliches Kind. Mosaik Verlag. München 1989
Peter Walker: Das entspannte Baby. Mehr Wohlbefinden für Ihr Kind durch Massage und Gymnastik. Kösel-Verlag. München 1989

Aufräumen im Kinderzimmer?

Wie soll sich eine Mutter angesichts des täglichen Chaos im Kinderzimmer verhalten? Schimpfen und die Hände über dem Kopf zusammenschlagen? Das nützt nichts und verdirbt zusätzlich die Stimmung. Ignorieren? Diese Methode wirkt bis zu einer gewissen Grenze. Dann jedoch verlieren zumindest die Kinder die Lust und fangen an, sich in den aufgeräumten Teilen der Wohnung auszubreiten. Eine ungeeignete Methode! Selber aufräumen? Nein!!! Damit versklaven Sie sich! Lachen? Nicht schlecht. Die beste, allerdings auch schwierigste Reaktion. Weinen? Sehr wirksam. Das Kind zeigt zumindest vorübergehend Betroffenheit und liftet wenigstens ein paar Bausteine. Aber ob das wirklich die Lösung ist?

Sicherlich gibt es keine Patentrezepte zum Aufräumen, vor allem sind die eigenen Ordnungsvorstellungen der Eltern und das Alter der Kinder entscheidend für die Wirksamkeit irgendwelcher Aufräumappelle. Wenn Papa überall seine Hosen rumliegen läßt und Mama ihre Sachen in der ganzen Wohnung verteilt, kann kein Kind das Thema Ordnung so wichtig nehmen. Also Hand aufs Herz: Wie wichtig ist Ordnung für Sie? Und: Welche Art Ordnung streben Sie an?

Ich finde beispielsweise in meinem Chaos alles, während mein Mann manchmal so gut aufräumt, daß er nicht mehr weiß, wo die Dinge geblieben sind. Nebenbei bemerkt: Chaos ist die Vorstufe zu höherer Ordnung. Das ist Naturgesetz. Und Kinder scheinen dies zu ahnen.

Einjährige haben gewöhnlich wenige Teile einfaches Spielzeug, das sich abends schnell beiseite räumen läßt. Es läßt sich praktisch in großen Behältern, womöglich auf Rädern, unterbringen. Mit Zweijährigen lassen sich noch lustige Aufräumspiele erfinden: Jetzt fahren alle Autos in die Garage ... alle Puppen werden müde ... alle Teddybären und Stoffhunde wollen auf die Schlafmatte ... Das klappt sogar gut, wenn Sie sehr viel Geduld mitbringen und ein nützliches Ordnungssystem organisiert haben: bebilderte Kisten oder Schubladen, Körbe, Regale, die das Kind einfach selbst bedienen kann. Wenn das Kind durchschaut, daß es sinnvoll ist, alle Legosteine in der roten Kiste zu haben und alle Eisenbahnschienen in der grünen, ist es eher bereit, dieses Ordnungssystem zu akzeptieren – besonders, wenn es auch ein bißchen mitbestimmen durfte.

Spätestens mit drei Jahren wird Aufräumen dann zum echten Problem. Nicht nur, weil das Kind gelernt hat, meisterhaft zu argumentieren und charmant müde zu werden, wenn es ans Aufräumen geht. Es hat auch seinen eigenen Willen, seine eigene Stärke entdeckt und findet zunehmend mehr Gefallen an komplexen Spielen und weitläufigen Bebauungen, an Landschaften und Hochhäusern, aus denen dann jene »Ursuppe aus Legosteinen« (Axel Hacke) entsteht, die durch die Zimmertür auf den Flur schwappt und sich bald über die Treppe ins Wohnzimmer ergießt ...

Warum freuen wir uns nicht darüber? Nach meinen Erfahrungen entsteht irgendwann auch im Kind der Wunsch, den Zimmerfußboden wieder barfuß betreten zu können, ohne sich an einem Legostein zu piken oder auf einem Cellophanpapier auszurutschen ... Dies ist ein günstiger Moment! Schlagen Sie dem Kind eine gemeinsame Aufräumaktion vor. Allein kann es das totale Chaos erst im Schulalter bewältigen.

Ich helfe meinen Kindern im Vorschulalter beim Aufräumen, wenn sie selber dazu bereit sind und tatkräftig mithelfen. Wenn sie sich weigern, weigere ich mich auch. Gemeinsam freuen wir uns jedoch sehr über die Schönheit eines geordneten Raumes – und während ich mich froh zurückziehe, erobern sie die freigeräumten Flächen, um neue kreative Spiele zu beginnen, die neues Chaos vorprogrammieren. Ein ewiger Kreislauf. Aber auch ein schöner Prozeß. So wachsen die Kinder zwischen Chaos und höheren Ordnungen heran, gestalten kreativ, aus sich heraus, für den Augenblick und das Glück – jetzt – in diesem Moment.

Von Schulkindern erwarte ich, daß sie ihre Zimmer selber in ihrer eigenen Ordnung halten. Ich helfe, wenn sie mich brauchen, gebe auch Anregungen und Ideen weiter, zum Beispiel ein großes Gurkenglas für die vielen undefinierbaren Fund- und Schundsachen, einen Nagelschubladenkasten, wie ihn Handwerker in Werkstätten haben, für kleine Schätze wie Zwerge, Stempel, Gummitiere usw.

Warnen würde ich jede Mutter vor Machtkämpfen. Sie kosten Nerven. Und selbst wenn Sie gewinnen, was unbedingt notwendig ist, haben Sie doch verloren, weil es Ihnen nicht gut dabei geht. Zu brutal finde ich auch die Methode, das gesamte Spielzeug in große blaue Müllsäcke zu stopfen und das Kind vor die Alternative zu stellen, entweder aufräumen oder wegnehmen.

Gestehen Sie sich und dem Kind Raum zu. Raum, der auch nach eigenen Vorstellungen und eigenem Unvermögen gestaltet werden darf. In meinem Zimmer räume ich auf – in deinem du. Wenn mein Zimmer mit Spielsachen vollgestellt wird und meine Kinder die nicht wegräumen, wenn ich sie dazu auffordere, nehme ich diese Spielsachen auch für eine Weile weg. Ein Teil des Aufräumproblems besteht auch darin, daß Kinder einfach zu viel haben. Es kann deshalb sehr nützlich sein, einen Teil wegzuräumen oder nur für besondere Anlässe wie Urlaub oder Sonntagmorgen freizugeben. Das sind dann die Momente, wo man sich noch einmal auf die Seite drehen und weiterschlafen darf. Spielzeug, das eine Zeitlang verschwunden war, ist fast so schön wie neues! Wer genügend Raum zur Verfügung hat, könnte Spielzeug auch auf dem zugänglichen Boden oder im Keller unterbringen, aus dem sich die Kinder dann nach Bedarf bedienen können. Das schafft Platz und mehr Übersicht.

Darüber hinaus ist es für jedes Kind nützlich, auch die Ordnungssysteme anderer Menschen kennenzulernen. Werkstätten strahlen oft eine bezaubernde Ordnung aus, andere Familien geben vielfältige Anregungen und auch in Museen läßt sich manches über Ordnung lernen. Geschmack und die eigene Vorstellung von einem schönen Zuhause läßt sich so am ehesten entwickeln.

Als amüsante Lektüre empfehle ich Ihnen: »Ursuppe aus Legosteinen«, in: Axel Hacke: Der kleine Erziehungsberater. Verlag Antje Kunstmann. München 1992

Seid ihr denn niemals müde?
Wie Kinder ins Bett gehen

Wenn es abends regelmäßig Streß beim Ins-Bett-Gehen gibt, liegt es in den allermeisten Fällen daran, daß die Kinder noch gar nicht oder schon zu müde sind und im letzteren Fall an die Ins-Bett-Geh-Frage ein Machtkampf geknüpft wird. Prinzipiell sind die Schlafbedürfnisse von Menschen sehr unterschiedlich und Kinder brauchen weniger Schlaf als ihre Eltern sich wünschen. Allgemeine Regeln darüber, wieviel Schlaf beispielsweise ein vierjähriges Mädchen benötigt, gibt es daher nicht. Kinder, die schnell wachsen, brauchen mehr Schlaf als Kinder, die langsamer groß werden, temperamentvolle schlafen oft weniger als ruhige. Jedes Kind hat jedoch ein natürliches Gefühl für seinen Körper und sein Bedürfnis nach Ruhe und Schlaf.

In dem Moment, wo Ins-Bett-Gehen als etwas Unangenehmes oder gar Strafendes (Ab ins Bett!) empfunden wird, ändert sich die Wertigkeit. Ebenso, wenn Kinder entdecken, daß die Erwachsenen noch interessante Dinge tun, zum Beispiel Fernsehen oder mit nettem Besuch gemütlich zusammensitzen. Schaukelt sich das Problem zu einem Machtkampf hoch, würde ich dem Kind sagen: »Geh ins Bett, wann du willst, aber störe mich nicht.« Gegebenenfalls muß das Kind dann mehrmals aus dem Zimmer getragen werden – das ist zwar in dem Augenblick stressig, zeigt dem Kind aber, daß man es ernst meint.

Wichtig ist, dem Kind ein größtmögliches Selbstbestimmungsrecht über seinen Körper zu geben und auch schrittweise die Verantwortung dafür. »Wenn du müde bist, sag Bescheid, dann bringe ich dich ins Bett.« Voraussetzung hierfür ist, daß zu der ungefähr vorgesehenen Schlafenszeit kein hochinteressantes Familienleben mehr stattfindet und daß – wenn irgend möglich – feste Rituale (Zähneputzen, Vorlesen, Schmusen, Gute-Nacht-Sagen) eingehalten werden. Rituale erleichtern den Tagesausklang, weil sie dem Kind Sicherheit und Orientierung geben: es weiß genau, »was kommt«.

Ein Tip, Kinder leichter dazu zu bringen, ins Bett zu gehen, ist zu einem angemessenen Zeitpunkt das Familienleben sehr langweilig zu gestalten (für eine halbe Stunde den Fernseher ausmachen und nichts Spannendes tun reicht schon!), ein Märchen vorzulesen oder besser noch zu erzählen, vielleicht sogar mit einem »Schwanz«, in dem ein kleiner weißer Hund auftaucht, der den ganzen Tag gespielt hat und plötzlich ganz müde wird ... und sich so sehr nach einem weichen kuscheligen Plätzchen sehnt, wo er sich ausruhen kann.

In letzter Zeit sind auch einige recht gute Kassetten zur Entspannung für Kinder erschienen. Sie ersetzen jedoch niemals familieneigene Geschichten und Rituale. Eltern von unruhigen Kindern können diese Kassetten aber als Anleitung nehmen, wie sie selber eine solche Kassette herstellen bzw. eigene Geschichten erfinden können. Phantasiereisen sind ein sehr schöner Tagesausklang.

Da Kinder sehr suggestibel sind, sind Geschichten von allen möglichen Tieren – besonders ihren eigenen Kuscheltieren – sehr geeignet, Orientierung ohne moralischen Zeigefinger zu ermöglichen.

Gehen Sie eigentlich gern ins Bett? Wenn ja, erzählen Sie Ihrem Kind davon. Wenn nein, erwarten Sie das bitte auch nicht von Ihrem Kind.

Kassetten zum Entspannen für Kinder:
Hassan Refay: Stecki 401 (ab 5 Jahren). Schwann Verlag
Sabine Friedrich/Volker Friebel/Paul Walter: Besuch mich
mal auf meiner Insel (ab 5 Jahren). Musikbär Verlag 1989
Zum Vorlesen:
Klaus Vopel: Kinder ohne Streß. Band 2. Im Wunderland
der Phantasie (ab 3 Jahren). Isko-Press. Hamburg 1989

Trotzköpfchens Abenteuer.
Kampf mit Dreijährigen?

Der eigene Wille eines Kindes ist nicht immer leicht zu ertragen. Aber gehört seine Entdeckung nicht auch zu den erstaunlichsten Ereignissen im Leben mit Kindern? Zugegeben – es ist ziemlich anstrengend, ein Kind neben sich zu haben, das sich gerade aufs Pflaster wirft. Aber wann im Leben wird es jemals wieder soviel Energie aufbringen, um eine Sache zu erreichen?

Während die Kinder der Eskimos und Indianer in diesem Alter ihren Vätern schon bei der Jagd folgen und ihren Müttern beim Essenmachen zur Hand gehen, haben bei uns Dreijährige oft zu wenig Möglichkeiten, ihre körperlichen und geistigen Kräfte zu erproben und eigene Experimente durchzuführen. Unsere Umwelt ist so gefährlich, daß wir eigene Erfahrungen oft verbieten müssen und Versuche nur im begrenzten Rahmen unter Aufsicht möglich sind. Gerade im dritten Lebensjahr will das Kind aber häufig beweisen, was es kann und sich auch ein Stück weit von den Erwachsenen lösen.

Diese machen sich nicht nur große Sorgen, sondern leben selber in Hektik und Streß. Geduld, Beharrlichkeit und Gelassenheit, die Eigenschaften, die Eltern von kampfbereiten Dreijährigen benötigen, sind meist nicht vorhanden. Kein Wunder also, wenn Eltern und Kinder in diesem Alter sehr oft »aneinanderrasseln«.

Gerade weil es wichtig ist, daß Kinder auch Grenzen erfahren, um sich orientieren zu können, brauchen Eltern große Klarheit über das, was sie dulden und erlauben können und das, was unbedingt verboten sein muß. Hierüber müssen sich alle an der Erziehung Beteiligten auch absprechen. Es ist immer gut, Kompromisse zu finden – aber in bestimmten Bereichen muß einfach klar sein, was geht und was nicht, wobei jede Familie ihre eigenen Normen hat.

Im Umgang mit Kindern, die gerade ausprobieren, was auf dieser Welt möglich ist, und was nicht, sollten Eltern folgendes beachten:

1. Humor bewahren – ohne das Kind auszulachen. Wenn das nicht geht: Was genau verletzt Sie am Verhalten Ihres Kindes so sehr? Woran erinnert Sie das Verhalten des Kindes?

2. Prüfen Sie Ihre Schuldgefühle. Die Unsicherheit, die viele Mütter in Kampfsituationen empfinden, resultiert aus Schuldgefühlen, die mit der gegenwärtigen Situation *nichts* zu tun haben.

3. Unterscheiden Sie streng zwischen Situationen, in denen Nachgeben möglich ist und solchen, in denen das nicht möglich ist.

4. Geben Sie nach, wenn es irgend geht (zum Beispiel wenn das Kind statt des roten den grünen Pullover anziehen will oder auch, wenn es bei Sonnenschein die neuen Gummistiefel will). Handeln Sie aber schnell und entschlossen, wenn es nicht anders geht, beispielsweise wenn es sich bei Rot auf die Straße wirft oder nicht fertig wird, obwohl Sie einen wichtigen Termin haben (Sie könnten Ihr Kind dann einfach tragen oder ohne es losgehen). Was immer Sie auch tun: Ihr Kind muß merken, daß es Ihnen ernst ist – und das merkt es nicht durch Reden. In einem solchen Fall müssen Sie handeln!

5. Wenn Zeit und Ruhe vorhanden sind, erfinden Sie kleine Geschichten aus dem Alltagsleben, die das Kind neugie-

rig machen und dem Geschehen dadurch eine andere Wende geben. »Weißt du, einmal wollte ein kleiner rosafarbener Bär sich nicht die Zähne putzen ... seine Mutter ... (tat das, was Sie erfolglos taten). Plötzlich hörte der kleine Bär eine Stimme und die kam aus seinem eigenen Mund. Vor Schreck machte der kleine Bär seinen Mund weit auf (jetzt können Sie vermutlich schon mit dem Zähneputzen beginnen). ›Hilfe!‹ schrie die Stimme. Und weißt du, woher diese Stimme kam? Aus dem Zahn! Seit wann können Zähne denn sprechen? fragte sich der kleine rosafarbene Bär? usw.«

6. In bereits festgefahrenen Situationen ist es am besten, sich für eine Weile räumlich zu trennen. Schreien Sie Ihre Gefühle ruhig heraus – aber gehen Sie dann lieber in den Nebenraum und atmen Sie tief durch, bevor Ihnen vor Wut »die Hand ausrutscht«.

   Vielleicht gucken Sie sich dort ein Fotoalbum an: lauter friedliche, fröhliche Bilder ... und wahrscheinlich kommt bald ein verheultes und vertrotztes Kind auf Ihren Schoß gekrochen, dem Sie nun einfach den Kopf streicheln.

7. Versuchen Sie nicht, ein wütendes, außer sich geratenes Kind mit Argumenten, Ratschlägen oder Beschimpfungen zu befrieden. Das klappt nie und verschlimmert meistens die Lage. Erst nach einer langen Pause können Sie versuchen, durch überraschende, verblüffende Bemerkungen die Aufmerksamkeit vom Problem weg auf Angenehmes zu lenken, zum Beispiel: »Glaubst du, daß es irgendwo auf der Welt einen kleinen blauen Elefanten geben könnte? Mir träumte heute Nacht ...«

   Abends oder in einer Kuschelstunde am Nachmittag können Sie mit dem Kind, wenn es wirklich zur Ruhe gekommen ist, noch einmal über die Situation reden. Fragen Sie es auch, wie Sie beide in Zukunft verhindern können, daß es so noch einmal passiert.

Zum Weiterlesen:
Margot Jørgensen/Peter Schreiner: Kampfbeziehungen. Wenn Kinder gegen Erwachsene kämpfen: Erklärungen und Lösungen. Rowohlt Verlag. Reinbek 1990

Schulprobleme oder Problemschule?

Wenn Kinder in die Schule kommen, beginnt nicht unbedingt der Ernst des Lebens. Es tritt aber eine Institution in das Familienleben ein, die sich anmaßt, das zu beurteilen, was Eltern bisher an Erziehungsarbeit geleistet haben. Das macht die Sache so heikel und treibt hin und wieder auch die Emotionen in die Höhe. Besonders Mütter können hierdurch in die Versuchung geraten, neue Schuldgefühle und Erfahrungen des Versagens lebendig werden zu lassen. Mütter sind ja an allem schuld, nicht wahr???

Ich glaube, man kann nicht genug betonen, daß es nicht sehr hilfreich und nützlich ist, nach Schuldigen zu suchen. Sinnvoll kann dagegen sein, nach Perspektiven und Lösungen Ausschau zu halten. Dies ist eine gute Alternative zu Schuldgefühlen.

Die meisten Probleme mit Schulkindern tauchen wohl zunächst bei den Hausaufgaben auf. Einerseits kommt es vor, daß LehrerInnen diese ungenügend erklären. Andererseits haben Kinder eine echte Begabung dafür, über Hausaufgaben Aufmerksamkeit und Zuwendung zu erpressen. Auch entdecken sie schnell, den »Knopf«, auf den sie drücken müssen, damit Mama wie ein »HB-Frauchen« unter die Decke geht. Ich würde keiner Mutter raten, sich zum Hilfslehrer der Nation machen zu lassen. Hausaufgaben sind Aufgaben, die Kinder mit ihren LehrerInnen zu besprechen haben. Versteht Ihr Kind die Hausaufgaben nicht, *können* Sie sie ihm erklären. Versteht Ihr Kind dann aber immer noch nicht oder verstehen Sie die Aufgabe selbst nicht, schreiben Sie bitte der Lehrerin oder dem Lehrer einen

Zettel! Erstens zeigt das, daß Ihr Kind sich um die Aufgabe bemüht hat, zweitens, daß sich die Lehrkraft deutlicher ausdrücken oder aber Ihr Kind zu mehr Aufmerksamkeit ermahnen muß.

Daher müssen LehrerInnen für solche elterlichen Mitteilungen dankbar sein und ehrlich gesagt, habe ich noch nie das Gegenteil erlebt.

Prinzipiell sollte Ihr Kind die Hausaufgaben allein machen. Es sind ja keine Mutter-Aufgaben! Gelegentliches kurzes Danebensetzen, loben, über den Kopf streicheln oder Bemerkungen wie: »Das sieht gut aus!« ermuntern viele Kinder und machen sie stolz. Für andere kann das aber auch lästig sein.

Hinterher können Sie sich die Aufgaben zeigen lassen – Sie müssen aber nicht! Gerade für berufstätige Mütter mit mehreren Schulkindern ist es nicht zumutbar, regelmäßig alle Hausaufgaben zu kontrollieren. Fehler in den Hausaufgaben sollten ja auch für die Lehrerin ein Hinweis dafür sein, daß die Aufgaben nicht mühelos zu bewältigen waren. Oder haben Sie einen kleinen Schlamper? Meinen Sie nicht, daß die Lehrerin das mit Ihrem Sohn oder Ihrer Tochter selber regeln kann?

Wenn Hausaufgaben zum Problem werden, sollte unbedingt auf einem Elternabend darüber geredet werden. Je ehrlicher hier Eltern ohne Angst vor »Schikanen« ihre Meinung sagen, desto eher können gewünschte Veränderungen eintreten. Ich persönlich finde als ehemalige Lehrerin und Mutter, daß Hausaufgaben abgeschafft werden sollten. Dies würde allerdings voraussetzen, daß in der Schule genügend Zeit für Übungen vorhanden ist. Derzeit besteht leider in einigen Bundesländern die Tendenz, die »Stundentafel« aufgrund von Sparmaßnahmen zu kürzen anstatt – wenn schon keine Ganztagsschule, eine ganze Halbtagsschule (d.h. täglich Unterricht von 8 bis 13 oder 14 Uhr, dazwischen Pausen, Spielstunden und Betreuungszeiten für Grundschüler) einzurichten. Zur Zeit scheitern diese und andere gute Schul-Ideen und viele existierende Modelle leider immer wieder aus finanziellen Gründen. Das kann sich aber ändern, wenn Mütter deutlich ihre Meinung sagen und sich auch weigern, die knappe Zeit für das Familienleben mit dem Ärger über Hausaufgaben zu vergeuden.

Meine eigenen Kinder hatten bisher das Glück, sehr verständnisvolle LehrerInnen zu haben. Sehr selten habe ich bei meinen drei Söhnen Hausaufgaben überwacht oder dabei geholfen. Mir würde es aber auch nichts ausmachen, wenn eines meiner Kinder eine Klasse wiederholen müßte. Ich finde es wichtig, daß die Kinder auch in der Schule eigene Erfahrungen machen, denn dadurch werden sie selbständig und lernen, sich richtig einzuschätzen.

Andererseits kann es natürlich auch zeitlich begrenzte Phasen geben, in denen Schulkinder viel Zuwendung und Hilfe benötigen – nicht nur bei den Hausaufgaben. Es kommt vor, daß überforderte Lehrer zu Strafen oder Maßnahmen greifen, die Kinder, die so etwas von zu Hause nicht gewohnt sind, ans Herz oder an »die Nieren« gehen. Obwohl es die Bedingungen an vielen Schulen einfach notwendig machen, in irgendeiner Form »durchzugreifen«, ist dies keine Lösung, die dauerhaft zu einem konfliktärmeren Miteinander führt.

Es ist auch leicht möglich, Kindern sogenannte Verhaltensstörungen anzuerziehen. Wenn jeder »Kleine-Jungen-Streich« gleich als Verbrechen geahndet wird, können schnell Rollenzuweisungen wie »Klassenclown«, »Störenfried« oder »Verhaltensgestörter« Einzug halten, die für das

Schulleben prägend bleiben können und sich leicht negativ auf die ansonsten guten Leistungen auswirken.

Umgekehrt fällt es heute jedoch auch vielen Eltern und Erziehern schwer, Kindern klare Grenzen aufzuzeigen und ihnen auch im Verhalten anderer gegenüber deutliche Orientierung zu geben. So lassen Lehrer manchmal Verhaltensweisen »durchgehen«, die der deutlichen Stellungnahme, der Entschuldigung oder Wiedergutmachung bedurft hätten. In all diesen Fällen ist das Gespräch, zunächst einmal mit der betreffenden Lehrerin, notwendig. Tritt danach keinerlei Veränderung ein (obwohl Sie die auf den Seiten 56 bis 61 beschriebenen Regeln für Verhandlungen beachtet haben), sind Vorgesetzte, Experten (Schulpsychologin, Erziehungsberatung, Therapeut) hinzuzuziehen. Manchmal läßt sich das Problem auch einfach durch Versetzung in die Parallelklasse oder durch einen Schulwechsel lösen. Eltern können jedoch in jedem Fall Einfluß nehmen, wenn sie den Mut haben, sich für ihr Kind zu engagieren und dabei bestimmte Regeln beachten. Zu viel Angst – auf beiden Seiten – schafft verhärtete Fronten. Dem Kind ist damit nicht geholfen.

Leider muß auch gesagt werden, daß einige Schulen und noch mehr Elternhäuser, ihre Kinder nach Erziehungsnormen zurechtbiegen wollen, die vom Erkenntnisstand der Gehirnforschung und der Erziehungswissenschaften längst überholt sind. Außerdem sind die schulischen Bedingungen – besonders in Ballungsgebieten – in denen sich ja nicht nur Menschen, sondern auch Probleme ballen – oft so schlimm (übergroße Klassen, zu viele Problemschüler, die individueller Hilfe bedürfen), daß LehrerInnen und Schüler und natürlich auch die Eltern überfordert sind und in unterschiedlicher Form darunter leiden.

Hier ist vor allem politische Hilfe erforderlich. Steuergelder müssen in verstärktem Maß in den Bildungsetat fließen. Kinderinteressen sollten nicht Sparmaßnahmen zum Opfer fallen. Eltern und LehrerInnen können hier durch geeignete Informationen und Aktionen in die Öffentlichkeit treten und sich gemeinsam für die ihnen anvertrauten Kinder engagieren. Hierdurch kommen sich alle Beteiligten auch näher. Schließlich haben sie gemeinsame Interessen.

Kinder lernen am besten in einer entspannten Atmosphäre, in der sie ermutigt werden, ihre Neugier zu erproben und sich selbständig Erkenntnisse anzueignen. Es gibt Schulen, die solche Lernbedingungen ermöglichen. Es gibt sogar viele Schulen, die Kinder erträglich finden – auch wenn sie nicht optimal sind. Wenn Ihr Kind jedoch häufig weint, wenn es um Schulprobleme geht, wenn es morgens über Bauchschmerzen oder Übelkeit klagt, wenn es nach der Einschulung plötzlich wieder ins Bett macht oder sich auffällig anders verhält, sollten Sie diese Alarmsignale nicht übersehen oder herunterspielen, sondern aktiv werden. Ich würde in so einem Fall zunächst das Gespräch mit der Lehrerin suchen. Dabei sollten Sie von sich und Ihrem Kind reden, ohne anzugreifen oder die fachliche Kompetenz der Lehrerin gleich in Frage zu stellen.

– Denken Sie in dem Zusammenhang auch über Ihre eigenen Schulerfahrungen nach. Gibt es Ängste, die heute noch nachwirken?
– Suchen Sie andere Eltern aus der Klasse, die ähnliche Probleme haben.
– Berufen Sie einen Elternabend ein, zu dem gegebenenfalls ein Experte eingeladen wird.
– Suchen Sie – wenn alles erfolglos bleibt – eine Erziehungsberatungsstelle, den Kinderschutzbund, einen Therapeu-

ten oder einen Menschen Ihrer Wahl auf, von dem Sie Hilfe erwarten können.

– Sehr nützlich sind auch Gespräche mit allen Beteiligten, die von einem Experten für Schulkonflikte geleitet werden.

– Erkundigen Sie sich nach Alternativschulen.

Geschwisterstreit als Dauerstreß?

Zweite, dritte, vierte und weitere Kinder bringen nicht nur mehr Freude ins Leben, sondern auch mehr Kampf, Streß, Unordnung und Leid. Die heilen Familien, in denen alle in dauernder Harmonie Hausmusik machen oder Sonntagsspaziergänge veranstalten, gibt es nicht.

Es stimmt, daß viele Mütter das zweite Kind »erst so richtig genießen« können. Eine Menge Ängste und Sorgen entfallen oft bei der zweiten Schwangerschaft und Geburt. Andererseits sollten Eltern nicht vergessen, wie schwer der Einbruch ist, den ein Kind erlebt, wenn ein Geschwisterchen ins Haus kommt. Es ist tatsächlich der Situation des Ehemanns vergleichbar, der in seinem Bett einen Liebhaber vorfindet. Manche Kinder werden zornig und wütend. Das ist normal und eine gesunde Reaktion, weil die Gefühle herausgelassen und damit zugänglich werden. Andere Kinder bemühen sich, besonders lieb zu sein, während es in ihrem Inneren nagt und quält. Manche werden still und eigenbrödlerisch. Sie können sich ja nicht von ihrer Familie scheiden lassen! Ein Baby benötigt sehr viel Zuwendung und Pflege, es raubt außerdem der gemeinsamen Mutter Nerven und Schlaf. Bei allen fürsorglichen Maßnahmen für das ältere Kind steht doch fest: es muß Opfer bringen. Natürlich gewinnt es auch. Mit Geschwistern läßt sich herrlich spielen – und man kann sie auch wunderbar ärgern. Mit Geschwistern kann man tatsächlich sehr viel lernen: teilen, Kompromisse schließen, sich versöhnen, Fähigkeiten abgucken und erproben, nachgeben, auf Rechten bestehen.

Ganz wichtig ist, daß Gefühle, welcher Art auch immer, in Familien nicht unterdrückt oder gar als böse abqualifiziert werden. Eifersucht ist nicht böse, sondern normal – wie jedes andere Gefühl auch. Jeder hat solche Gefühle! Und wer sie unterdrücken muß, quält sich oder andere.

Dauerhafter Geschwisterstreit basiert immer auf Eifersucht und Konkurrenzdenken. Es ist der Kampf um den Platz »Mamas (oder Papas) Liebling«. Wenn Kinder keine Chance sehen, diesen Platz einzunehmen, versuchen sie es mit anderen Rollen:»Problemkind«,»krankes Kind«,»Familienclown«,»Sonnenschein«. Es ist für Eltern sehr schwer, aber auch sehr wichtig, die Gefühle ihrer Kinder akzeptieren zu lernen. Besonders schwer ist es mit den Gefühlen, die wir bei uns selber am stärksten unterdrücken. Auch glauben manche Eltern, durch Reden Kinder beeinflussen zu können. Weil diese Gefühle aber gar nicht ins Bewußtsein vordringen, sondern unbewußt bleiben, helfen Appelle an die Vernunft – genauso wie bei Erwachsenen – wenig. Die unbewußte Ebene kann bei Kindern am besten durch Gespräche über Bilder, Märchen, Geschichten, Theaterstückchen oder Phantasiereisen angesprochen werden. Vor allem aber muß ein Kind durch das *Verhalten* der Eltern spüren, daß es geliebt wird. Es muß merken:»Was du da gemacht hast, war nicht gut. Aber ich verstehe dich. Ich mag dich mit allen deinen Gefühlen.« Das ist für Eltern manchmal sehr schwer.

Ich selber neige dazu, meine jüngeren Kinder immer zu verteidigen und übersehe dann leicht die seelische Not, die hinter den Attacken der älteren steht. Auf einem Plakat las ich den Spruch:»Liebe mich dann, wenn ich es am wenigsten verdient habe, denn dann brauche ich es am dringendsten.« Dies gilt auch für heftige Kämpfe unter Geschwistern. Auch Angreifer handeln manchmal aus Not. Bei den meisten Streitigkeiten können wir Mütter gelassen zuschauen. Es ist dann oft nützlicher, sich einen Walkman mit netter Musik aufzusetzen als Partei zu ergreifen. Kinder können Streitigkeiten gut allein regeln und auch jüngere haben hervorragende Fähigkeiten, sich zur Wehr zu setzen. Unterliegt allerdings ein Kind ständig und verzweifelt oder ist ein anderes fortwährend das »schwarze Schaf«, sollten Eltern nachdenken, wie dieser Teufelskreis gelöst werden kann. In diesem Sinn – nämlich um zu fest gefahrene Muster zu verändern – können Sie sich auch in den Geschwisterstreit einmischen. Sei es, daß Sie in einer ruhigen Stunde (und nicht, wenn den Kontrahenten noch der Haß in den Augen blitzt) ein Gespräch führen und ohne Anklagen ihre Beobachtungen vortragen, sei es, daß Sie mit dem Kind, das sich offensichtlich zurückgesetzt fühlt, etwas Besonderes unternehmen, sei es, daß Sie sich fest vornehmen und das auch üben, beim nächsten Streit einmal völlig anders als bisher zu reagieren.

Hilfreich ist auch, sich als Eltern darüber auszutauschen, wie in Ihren Herkunftsfamilien mit Geschwisterstreit umgegangen wurde und was von diesen Auseinandersetzungen bis heute übrig geblieben und noch spürbar ist.

Wer sich noch immer von Familienkonstellationen gefesselt fühlt, sollte mit Hilfe eines Therapeuten versuchen, sich die dahinterstehenden Muster aufzeigen zu lassen, um sie mit der Zeit überwinden zu lernen. Dadurch können wir sehr viel freier und unbeschwerter handeln, als wir es normalerweise tun.

Flügge werden. Strapazen in der Pubertät

Die Zeit zwischen Kindheit und Erwachsenenalter ist in allen Kulturen und Zeiten schwierig gewesen, weswegen viele Völker besondere Riten entwickelten, die den Jugendlichen halfen, durch Herausforderung und Bewährung ihren Platz in der Gesellschaft zu finden.

Heutige Jugendliche haben es insofern besonders schwer, als ihre körperliche Entwicklung, die sich zum Teil geradezu explosiv vollzieht, in krassem Gegensatz zu ihrer sozialen Stellung steht. Das heißt, junge Kerle von 1,80 m werden von ihren Angehörigen wie kleine Kinder bedient und finanziell »ausgehalten«. Die Jugend – eine Zeit der Erprobung und des Abenteuers, in der die Söhne und Töchter im Märchen ausziehen, um bestimmte Aufgaben zu erfüllen oder ihr Glück zu suchen – verbringen unsere Kinder hinter Schulbüchern und Computern, auf gepflegten Tennisplätzen oder in Reithallen. Wo aber können sie direkt erfahren, daß sie etwas Sinnvolles leisten, wo können sie sich bewähren oder fühlen, daß sie wichtig sind und gebraucht werden?

In der Pubertät sind Kinder und Eltern vor die Aufgabe gestellt, sich voneinander zu lösen. Dies ist eine sehr schwierige Aufgabe, wahrscheinlich die schwierigste, die beide Partner enorm herausfordert. Wenn Ihr Kind Sie anschreit und beschimpft, denken Sie daran, daß dies ein Versuch ist, sich von Ihnen zu trennen. Das Kind will sich lösen – und braucht Sie doch. Das ist eine ziemliche Zwickmühle!

Eltern fühlen sich manchmal als arme Opfer ihrer rotzfrechen und ausbeuterischen Kinder. Sie übersehen dann leicht, daß es auch ihre Aufgabe ist, innerlich loszulassen, Erfahrungen zu ermöglichen und »Fehler«, die alle Kinder machen, als wichtige Lernschritte zuzulassen. Gleichzeitig gilt es, Grenzen zu setzen (was beispielsweise die Benutzung persönlicher Dinge der Eltern und die Versorgung betrifft) und Aufgaben zu stellen.

Wenn Sie für Ihre heranwachsenden Kinder alle Arbeiten wie kochen, waschen, saubermachen, einkaufen, Auskünfte einholen erledigen, erweisen Sie ihnen einen schlechten Dienst. Vielleicht möchten Sie Ihre Beziehung durch Nörgeln und Fordern nicht belasten. Das sollten Sie auch nicht! Aber es sollte feste, in einer »Familienkonferenz« besprochene Aufgaben geben, die so geartet sind, daß die Kinder sie ausführen müssen, das heißt, daß sie Konsequenzen spüren, wenn sie es nicht tun. Wenn Wäsche beispielsweise nicht gewaschen wird, gibt es keine frische und wenn nicht eingekauft wird, ist kein Essen da.

Vielleicht sagen Sie jetzt: Dann läuft mein Sohn eben in dreckigen Klamotten rum und ißt nur Pommes! Er wird dies um so lieber tun, je mehr Sie sich darüber aufregen und ihm Vorträge über gesunde Ernährung halten. Sie könnten statt dessen ein leckeres Überangebot an Obst und Gemüse *für sich* bereitstellen und wenn Ihr Sohn beginnt, sich darüber herzumachen, ihn an seine Einkaufspflichten erinnern bzw. darauf hinweisen, wo der nächste Gemüseladen ist.

Falls Sie einen Garten haben: Wie wär's mit der bereits erwähnten Methode, Ihre Kinder Gemüse anbauen zu lassen und ihnen die Erträge abzukaufen? Da wir nun einmal in einer Zeit leben, in der Geld eine ganz wichtige Rolle spielt, ist auch für Jugendliche die Möglichkeit, Geld zu verdienen und damit umgehen zu lernen, von großer Bedeutung. Und ob sie nun Zeitungen austragen, den Familienabwasch bewältigen oder Obst ernten, ist eine Frage der Gegebenheiten und Absprachen.

Es lohnt sich, in diesem Zusammenhang mit den Kindern zu besprechen, welche Geldgewohnheiten es in Ihrem Elternhaus und in dem Ihres Mannes gab. Inwiefern hat sich das auf Sie ausgewirkt? Welche Beziehung zu Geld haben Ihre Kinder? (Ich selber habe zum Beispiel einen sehr sparsamen und einen reichlich verschwenderischen Sohn!) Was berichten Ihre Kinder von ihren Freundinnen und Freunden? Gibt es Regeln, die sich bewährt haben?

Wahrscheinlich sind Sie gern bereit, Ihr Kind eigene Wege gehen zu lassen. In dem Moment jedoch, wo Sie klar sehen, daß es Irrwege sind oder vielleicht sogar Abwege, können Sie nicht gelassen bleiben. Sie müssen sich einmischen. Leider führt dies allerdings meist nicht zu dem gewünschten Ergebnis, sondern nur tiefer in die Sackgasse.

Verbote können bei unmündigen Kindern im Einzelfall sinnvoll sein. Langfristig – und das wissen Sie selber sehr gut aus Ihrer Jugend – machen Verbote uns »gerade scharf«, ziehen geradezu magisch an. Die Haltung: Verantworte selbst, probier aus, ich trau es dir zu, ich benenne die Gefahren und bin im übrigen immer für dich da (angerichteten Schaden zahlst du natürlich selber, Kind!), hilft Heranwachsenden eher, zu eigenverantwortlichem, überlegtem Handeln zu finden.

Folgende Überlegungen können Ihnen helfen, gelassen zu bleiben:

1. *Prüfen Sie Ihre inneren Bilder.*

Stellen Sie sich Ihre Tochter bereits als »unter die Räder gekommen« vor? Gut – dann malen Sie sich »die ganze Katastrophe Leben« in allen Einzelheiten aus. Nehmen wir mal an, Ihre Tochter ist drogensüchtig und geht auf den Strich – was tun Sie? Malen Sie sich jeden Schritt genau aus. Notieren Sie Adressen von Beratungsstellen und Selbsthilfegruppen, planen Sie im Detail, wie Sie Schritt für Schritt vorgehen könnten. Falls Sie keine Ideen haben, wenden Sie sich schon jetzt an eine Beratungsstelle und erkundigen Sie sich bei Fachleuten, was Sie am besten tun könnten.

Vielleicht ist es sinnvoller, daß Sie sich Ihre Tochter als »über die Klippe hinweggekommen« vorstellen. Malen Sie ein Bild von Ihrer Tochter, wie Sie sich vorstellen, wie sie sein sollte. Sprechen Sie in einer ruhigen Stunde mit ihr über Ihre Bilder und lassen Sie sich ihre beschreiben. Signalisieren Sie Ihrem Kind unmißverständlich, daß Sie ihm bestimmte Entwicklungsschritte zutrauen!

Wenn Sie das nicht können, auch nicht, nachdem Sie vor Ihrem inneren Auge all jene Situationen Revue passieren ließen, in denen Sie erfolgreich waren, reden Sie mit Ihrem Kind auch darüber. Und hören Sie genau zu, was es Ihnen zu sagen hat!

2. Übergeben Sie Ihrem Kind Schritt für Schritt die Verantwortung für sich selbst.

Billigen Sie ihm zu, Lebensziele zu haben, die sich von Ihren unterscheiden? Gestatten Sie ihm, ein eigener Mensch mit anderen Werten zu sein? Oder ist das, was Sie als Fehlverhalten interpretieren, vielleicht sogar Ihr heimlicher (Jugend-)Traum? Viele ernsthafte Störungen entstehen in Familien dadurch, daß Eltern ihren Kindern *unbewußt* Aufgaben delegieren, die mit ihren eigenen, nicht erreichten Lebenszielen in Verbindung stehen.

3. Keine Vorträge, keine Moralpredigt, sondern Selbsterfahrung ermöglichen und Meinungen anerkennen.

Prägen Sie sich die Regeln erfolgreicher Kommunikation

(vgl. S. 56 bis 61) noch einmal ein. Erwarten Sie von Ihrem Kind nicht, daß es diese auch beherrscht! Sie sind ihm an Erfahrung und Einsicht überlegen. Auch wenn Sie der Meinung sind, Ihr Kind vertritt den größten Blödsinn: sagen Sie ihm Ihre Meinung deutlich, aber ruhig und nicht voreilig. Sie könnten sonst Türen für länger zuschmeißen. Seien Sie sich innerlich darüber im klaren, daß Ihr Kind bestimmte Dinge austesten wird und muß, um seinen Weg zu finden. Thomas Gordon hat uns die Kunst des anteilnehmenden Zuhörens gelehrt. »Türöffner« wie: »aha!«, »Wie wirst du dich da gefühlt haben?«, »Ich bin gespannt, deine Meinung zu hören!« ermöglichen eher ein Gespräch als Bemerkungen wie: »Hab ich dir nicht schon immer gesagt ...«, »Siehst du!«, »Das hätte ich dir gleich sagen können!«

4. Vorbild im Handeln – Lernen in Geschichten.

Durch nichts zu ersetzen ist das Vorbild der Eltern und anderer Personen. Jugendliche sind ja auf der Suche nach Wegen (und können deshalb auch keine vorgeschriebenen Bahnen ertragen!) – Erfahrungen anderer hören sie jedoch gern. Sie können sich beliebig viele Geschichten von Töchtern und Söhnen entfernter Bekannter einprägen und sollten vielleicht sogar Meisterin im Erzählen solcher Geschichten werden, die sowohl die Gefahren, als auch deren erfolgreiche Überwindung beinhalten. Märchen sind hierzu genauso geeignet wie wahre Begebenheiten aus Ihrem Leben oder dem von Familienangehörigen. Solche »Geschichten, die das Leben schrieb«, aber auch gemeinsam angeschaute Filme oder Theaterstücke oder gute Romane bieten Anlaß für den Heranwachsenden, vielfältige »Was würdest du tun?-Situationen« innerlich durchzuspielen.

Wichtiger noch sind jedoch Ihre eigenen tatsächlichen Erfahrungen, das Deutlichmachen Ihrer derzeitigen Probleme,

Entscheidungen und Prozesse. Auch wenn Ihr Kind Sie scheinbar ablehnt, es achtet doch sehr genau auf Ihr Verhalten, Ihre Handlungen, Ihre Worte. Es beobachtet sehr genau, wie Sie mit Werten umgehen, was Ihnen wichtig ist und wie Sie Ihre Probleme lösen. Dabei orientieren sich Jungen verständlicherweise an ihren Vätern, auch wenn diese selten oder nie da sind. Sie schauen auf das, was sie sehen oder zu sehen glauben – und wenn kein realer Vater da ist, erfinden sie sich einen. Und wenn Ihre Tochter auch genau das Gegenteil von dem tut, was Sie erwarten – hat sie nicht genau die Hälfte von Ihnen gefunden, die Sie an sich so heftig unterdrücken?

Je mehr Sie ihr zugestehen, diese Seite leben zu dürfen, desto eher könnten Sie darüber ins Gespräch kommen, daß diese Gegensätze sich eigentlich gut ergänzen. Faul sein und fleißig, ordentlich und unordentlich, häßlich und schön – wird nicht beides gebraucht, ist nicht beides wertvoll zu seiner Zeit?

Wenn wir offen sind für das, was unsere jugendlichen Kinder uns an Provokationen, Ideen und Meinungen ins Haus bringen, können wir – davon bin ich überzeugt – viel lernen!

Ich habe in der Pubertät die Gesundheitslehren meines Vaters belacht, seinen Garten nicht gewürdigt und seine Ideen belächelt. Heute habe ich für mich selbst entdeckt, daß er in vielem recht hatte.

Es gibt keine allgemeingültigen Lehren und kein Weg führt daran vorbei, selber Erfahrungen zu sammeln. Ein schönes Sprichwort sagt: »Umwege vergrößern die Ortskenntnis.«

5. Lassen Sie sich helfen, wenn's klemmt!

Wenn Sie das Gefühl haben, die Probleme drehen sich im Kreis: Suchen Sie eine Beratungsstelle oder eine Familientherapeutin auf, die Ihnen hilft. Das ist wirksamer, als Ihre Nerven zu strapazieren und die gute Beziehung, die Sie zu Ihrem Kind haben wollen, auf Dauer zu vergiften.

Erinnern Sie sich an die Zeit, als Ihre Tochter (Ihr Sohn) laufen lernte? Hat sie sich nicht aufgerichtet und voller Stolz um sich geblickt? Sie haben sie gelobt und ermutigt. Sie haben gemerkt – bald wird sie laufen! – und sich gefreut, daß sie schon so weit ist. Schließlich haben Sie sie an den Händen geführt, immer wieder, bis Ihr Rücken schmerzte, und sie brauchte Sie und wollte mehr, mehr …

Wahrscheinlich hat sie bald mit Ihrer Hilfe gemerkt, wie sie es schafft, allein den Tisch oder das Sofa zu umrunden und Sie haben bewundert, wie sie sich auf ihre eigene Art fortbewegte. Rutschte sie vielleicht auf den Knien, oder schob sie sich auf dem Po sitzend vorwärts? Krabbelte sie auf allen Vieren oder rollte sie sich ihrem Ziel entgegen? Eines Tages – Sie haben es gefühlt – kam der Moment, wo sie sich von Ihrer Hand löste, um den ersten Schritt allein zu tun. Haben Sie nicht beide gestrahlt und gelacht?

Sie fiel hin – aber sie stand wieder auf und Sie haben ihre Stürze nicht sonderlich ernst genommen. Sie wußten – sie wird laufen! Und sie läuft.

Abschied vom Muttersein

Es geschieht nicht von heute auf morgen und ich weiß nicht, ob es für Sie schwierig sein wird oder leicht – aber eines Tages spüren Sie, daß eine sehr wichtige Phase in Ihrem Leben zu Ende geht. Sie werden als Mutter nicht mehr gebraucht.

Ohne Zweifel können Sie sich gratulieren. Denn wenn es Ihnen und Ihren Kindern gelungen ist, sich voneinander zu lösen und doch freundschaftlich verbunden zu bleiben, dann ist Ihnen auch der letzte und schwierigste Schritt im Leben mit Kindern geglückt. Sie wissen, es gibt Kinder, die lebenslang in Abhängigkeit von ihren Eltern leben. Das sind nicht nur die 30- bis 60jährigen Muttersöhne, sondern auch die Kinder, die vor ihren Eltern bis in andere Erdteile fliehen oder im ewigen Streit vereint bleiben. Menschen jedoch, die diesen Ablösungsprozeß erfolgreich vollzogen haben, leben unabhängig voneinander, besprechen Probleme, teilen sich mit, ohne sich als Opfer oder Täter in einem Familiendrama zu fühlen. Sie sind Partner und Freunde.

Sie helfen sich, aber fallen einander nicht zur Last. Wahrscheinlich werden Sie jetzt unwillkürlich an Ihre eigene Mutter erinnert. Wie ist Ihr Verhältnis?

Oft fällt die Phase, in der die Kinder aus dem Haus gehen, zusammen mit der Hilfsbedürftigkeit der eigenen Eltern. Dies wirft neben »rein zeitlichen« Problemen (die es so eigentlich nicht gibt) viele psychische auf, vor allem Schuldgefühle, den Erwartungen und Anforderungen der Eltern nicht genügen zu können. Nicht wenige Eltern definieren es als Mangel an Liebe und Dankbarkeit, wenn ihre Kinder sich nicht genug um sie kümmern und bei den erwachsenen

Kindern werden umgekehrt Gefühle des Grolls und der Enttäuschung wach, wenn sie die Hinfälligkeit der Eltern erleben (wissend, daß es ihnen demnächst ähnlich gehen kann), sich jedoch andererseits der Enttäuschungen erinnern, die ihre Eltern ihnen zugefügt haben.

In diesem Zusammenhang ist es ganz wichtig, auf die Notwendigkeit von Grenzen zwischen den Generationen hinzuweisen. Älterwerden tut jeder für sich und die Bewältigung dieses Prozesses ist allein Aufgabe der Alten. Die Kinder können ihnen helfen, Lösungen anbieten – aber es gibt auch klare Grenzen, die zu akzeptieren sind. Jede Generation hat ihre Aufgabe!

Eltern brauchen nicht das Opfer ihrer Kinder, sondern Beistand und Hilfe. Die Alten müssen für ihr Leben selbst einstehen, die Verantwortung für sich übernehmen und auf diese Weise auch ihre Würde bewahren. Alte und Junge müssen lernen, ihre jeweiligen Lebensaufgaben eigenverantwortlich zu lösen und nicht auf Kosten anderer zu bewältigen. Auch wenn Ihnen diese Sätze einleuchten, wissen Sie und ich, wie schwer es ist, sie zu befolgen. Innere Bilder und Einstellungen, unbewußte Bindungen lassen uns immer wieder anders handeln und fühlen, als unser Kopf es uns sagt.

Gerade jetzt, wo Sie selber viele Probleme zu bewältigen haben, zum Beispiel die körperlichen hormonbedingten Umstellungen, kommen Probleme mit Ihren Eltern in einer Weise hinzu, die für Sie neu sind. Wenn Sie sich in einer Sackgasse fühlen und nicht mehr weiter wissen, lassen Sie sich von einer Familientherapeutin helfen. Hier bekommen Sie neue Perspektiven und die Kraft, die Sie brauchen.

Das Heranwachsen der eigenen Kinder zu sehen, weckt oft auch ein Gefühl von »jetzt bin ich alt, jetzt geht alles zu

Ende«. Ich werde den Tag nicht vergessen, als meine 19jährige Nichte, die ich mehrere Jahre nicht gesehen hatte, bei strahlendem Sonnenschein leicht bekleidet die Treppe zu unserer Wohnung hochkam. Es traf mich wie ein Schlag: Dieses Kind – hatte ich es nicht eben noch auf dem Schoß gehabt? – war eine attraktive, selbstbewußte junge Frau mit einer Anziehungskraft, die ich selber nie wieder haben werde. Hiermit muß ich mich abfinden.

Nein, ich möchte keineswegs tauschen – aber es ist doch auch ein schmerzliches Abschiednehmen von Verhaltensweisen und Auftreten, auf die eine Frau von klein auf gepolt war. Die Kränkung, nicht mehr gesehen und begehrt zu werden, wiegt um so schwerer, als die Frauen sich ja auch noch auf andere Weise in ihrer Weiblichkeit in Frage gestellt sehen: ihre Mütterlichkeit ist auch nicht mehr gefragt! Es braucht Zeit, sich in eine neue Rolle hineinzufinden und den anderen, nicht minder schönen Abenteuern des Älterwerdens und Sterbens ins Auge zu sehen.

Ich habe von nicht wenigen 70jährigen gehört, die sich noch einmal verliebt haben. Wir wissen heute, daß Sexualität auch im Alter noch eine Rolle spielt. Trotzdem ändert sich eine Menge. Es ist ein Entwicklungsschritt, seine neue Körperlichkeit, die vielleicht grau gewordenen Haare, die Falten und das Abnehmen des Kurzzeitgedächtnisses zu akzeptieren.

Wenn es Ihnen gelingt, die Aufgaben zu erkennen, die Sie bewältigen müssen und Sie zu Ihren Problemen stehen, ohne anderen »die Schuld dafür« zu geben (nach dem Motto: Keiner liebt mich!), sind Sie nicht nur selber einen großen Schritt vorangekommen, sondern auch für Ihre Kinder ein Modell, das nicht ersetzbar ist. Es ist eine Binsenweisheit, daß sich Frauen in diesem neuen Lebensabschnitt neue

Aufgaben suchen müssen. Unsere Großmütter und Urgroßmütter hatten dieses Problem weniger, weil sie oft schon
tot waren, wenn die Kinder das Haus verließen. Wir aber
können vielleicht noch 10, 20 oder 30 Jahre leben und zu
neuen Ufern aufbrechen, Abenteuer erleben, von denen die
Jugend nichts ahnt. Nur wird es uns Frauen schwer gemacht,
wieder in den Beruf zu finden oder überhaupt eine sinnvolle,
angemessen bezahlte Tätigkeit auszuüben. Das sollte uns
aber nicht bange machen!

Ich schlage Ihnen vor, an dieser Stelle eine »*Zukunftswerk-
statt*« einzuplanen – für sich allein, mit Ihrem Partner oder
mit einer anderen Frau, mit der Sie einen Traum teilen.
Nehmen Sie sich dafür mindestens eine Stunde ungestörte
Zeit und gehen Sie in folgenden Schritten vor:

1. Kritikphase:
Schreiben Sie auf ein Blatt Papier alles stichwortartig auf,
was Ihnen an Ihrer jetzigen Situation nicht gefällt. Sie können dabei verschiedene Farben und Schriftgrößen benutzen,
so daß Sie auch optisch erfassen, was Ihnen »stinkt«.

2. Phantasiephase:
Malen Sie sich Ihr Leben so aus, wie Sie es in Zukunft gern
hätten. Lassen Sie Ihrer Phantasie freien Lauf und begrenzen
Sie sich nicht durch irgendwelche Einschränkungen: Alles
ist möglich! Malen Sie vor Ihrem inneren Auge ein rosarotes
Bild Ihrer kühnsten Träume. Halten Sie diese Traumwelt in
einem Bild, in Stichworten oder einer Geschichte fest.

3. Realisierungsphase:
Schauen Sie sich Ihr Phantasiebild an. Gibt es so etwas schon
irgendwo in der Realität? Kennen Sie Frauen oder Bücher

über Frauen, die etwas ähnliches gewagt haben? Gibt es Anknüpfungspunkte? Gibt es einen einzigen Aspekt aus Ihrem Traum, den Sie schrittweise verwirklichen können? Welchen allerersten Schritt müßten Sie tun? Wer könnte Ihnen helfen? Mit wem könnten Sie sich zusammentun?

Nehmen Sie sich ein Blatt Papier und machen Sie eine Liste, einen Plan. Auch die größte Veränderung beginnt mit einem ersten Schritt.

Auch die folgende Übung kann Ihnen *auf dem Weg zu Ihrem Ziel* helfen. Nehmen Sie sich Zeit und Ruhe und begeben Sie sich in Ihrer Vorstellung in die Zukunft. Welches Jahr ist es? Wie ist die Jahreszeit? Wie sind Sie gekleidet? Wo genau befinden Sie sich? Genießen Sie den Zustand und freuen Sie sich über alles, was Sie erreicht haben. Schauen Sie von diesem schönen und sicheren Ort zurück in die Vergangenheit. Wie haben Sie es geschafft? Welche Schritte haben Sie genau unternommen? Was waren die größten Hindernisse? Wie genau haben Sie sie überwunden? Wer hat Ihnen geholfen? Welche Hilfsmittel haben Sie in Anspruch genommen? Welche Ihrer persönlichen Eigenschaften war Ihnen besonders nützlich? Welche Ihrer Fähigkeiten konnten Sie besonders gut gebrauchen? Welche neuen Qualitäten haben Sie auf Ihrem Weg dazugewonnen?
(Führen Sie diese Übung am besten mit einer Partnerin durch oder sprechen Sie die Fragen – mit entsprechenden Pausen dazwischen – auf eine Kassette.)
Abschied vom Muttersein bedeutet offen sein für neue Pläne, Ideen, Aufgaben, Wiederentdecken Ihrer Talente, Aufleben alter oder junger Träume. Und wenn Sie diese vergraben haben, lassen Sie sich helfen, sie wiederauszugraben, sie neu zu entdecken.

IV. Zu sich kommen

Zurück zu den Wurzeln?
Leben im Einklang mit der Natur

Auf dem Weg der Zivilisation haben wir eine ganze Menge Bequemlichkeiten erworben. Es möchte wohl niemand mehr ohne Kühlschrank und Waschmaschine und kaum einer ohne Auto und Fernseher leben. Wir alle wissen aber, obwohl wir gern die Augen davor schließen, daß wir diese Bequemlichkeit bezahlen müssen, mit Krebs und Verkehrstoten, mit Herzinfarkt und Allergie. Ich glaube, daß wir noch eine ganze Menge mehr verloren haben: Intuition und Sicherheit im Umgang mit Mitmenschen, Liebesfähigkeit und Kraft, mit Problemen fertig zu werden, Mut, Wagnisse einzugehen und Schmerzen auszuhalten. Entwicklungen lassen sich nicht rückgängig machen.

Unser Gehirn – der beste Computer der Welt – ermöglicht uns jedoch, lebenslang zu lernen, unsere Vorstellungskraft zu entwickeln und immer wieder Entscheidungen zu treffen. Wir haben die Wahl!

Wir können nicht zurück in vergangene Jahrhunderte, aber wir können sehen, woher wir gekommen sind und wo unsere Wurzeln liegen. Wir kommen aus den Meeren, in denen vor Jahrmillionen Tiere schwammen, bis sie an Land krochen. Wir kommen aus den Wäldern der Vorzeit, bis wir uns zweibeinig erhoben und begannen, von der Natur zu leben, statt mit ihr. Wir sind Teil der Natur und indem wir sie zerstören, zerstören wir uns.

Eine Frau, die schwanger ist, spürt auf ganz besondere Weise, was es heißt, Teil der Natur zu sein. In ihr findet eine Entwicklung statt, die heute, wie in keiner Mütter-Generation zuvor, verfolgt, beobachtet und bestaunt werden kann. Bei aller Vorsicht, Achtsamkeit und Überwachung ist Schwangerschaft noch immer ein natürlicher Prozeß. Und trotz Ultraschalluntersuchung und künstlicher Geburtseinleitung wird jede Frau irgendwann das Gefühl haben, etwas Wunderbares zu erleben. Der Augenblick, in dem unser nacktes, neugeborenes Kind uns anschaut, die Zeit, in der es auf unserem Bauch liegt, kann einer jener Momente sein, in denen wir spüren, daß wir Menschen nicht Herrscher oder Beherrschte sind, sondern Teil eines wunderbaren Geflechtes, Teil eines gewaltigen Flusses, Teil eines mächtigen Prozesses von Kommen und Gehen.

Auch Sie werden von nun an viele Wunder miterleben. Vielleicht staunen Sie über die Milch in Ihren Brüsten, die Ihr Körper in der richtigen Menge und Zusammensetzung produziert, über das erste Lächeln Ihres Kindes, die Winzigkeit seiner Hände oder die Klugheit in seinen Augen. In diesen Augenblicken wissen wir Frauen, daß wir Hüterinnen der Erde sein müssen, Bewahrerinnen der Natur. Es ist ein Privileg unseres Geschlechts, daß wir diesen Prozessen so nahe und diesen natürlichen Rhythmen so verbunden sind.

Und spätestens, wenn sich Ihr Kind auf das Pflaster kniet, um eine Ameise zwischen Betonplatten krabbeln zu sehen, wenn Ihre Tochter eine Pusteblume pflückt oder Ihr Sohn hingebungsvoll in einer Pfütze rührt, wissen Sie, daß es etwas zu bewahren gilt, das mehr bedeutet als ein neuer Staubsauger oder ein schicker Zweitwagen.

Leben im Einklang mit der Natur bedeutet, sich täglich zu

entscheiden. Aber im Gegensatz zu den Ministern, die öffentlich versprechen, nie mehr zu baden, um Wasser zu sparen, wissen wir Frauen sehr gut, daß Umweltschutz nicht nur Verzicht bedeutet, sondern einen durch nichts zu ersetzenden Gewinn bringt. Wenn Sie eine natürliche Geburt erleben durften, wissen Sie, was ich meine.

Durch Geburt und Tod sind wir alle in diesen unendlichen Prozeß eingebunden. In ihm können wir immer wieder Kraft schöpfen. Bäume, Pflanzen und Blumen trösten und heilen, Wasser erfrischt und hilft, Erde schenkt unsagbare Kostbarkeiten, indem sie Leben hervorbringt, Ton, Steine und Sand.

Als Mutter spüren Sie Ihre Verwandtschaft mit Erde, Sonne, Mond und allen Geschöpfen und dieses Gefühl, in Beziehung zu stehen, kann sehr glücklich machen.

Als Mutter können Sie viel Einfluß nehmen. Auch wenn Sie sich keiner Partei oder Organisation anschließen: Ihre Gespräche, Entscheidungen und alltäglichen Handlungen zählen und helfen bewahren. Sie können nicht nur die natürliche Umwelt, sondern auch die Gesundheit Ihrer Kinder und Ihre eigene positiv beeinflussen.

Versuch:

Wenn Sie sich mit einem Problem quälen oder in einer Frage keinen Rat wissen, unternehmen Sie einen längeren Spaziergang in freier Natur. Seien Sie offen für alles. Vielleicht finden Sie einen Baum, der Sie einlädt, sich unter ihn zu setzen. Vielleicht erhalten Sie eine Antwort, sehen etwas, das zuvor nicht sichtbar war.

Vielleicht finden Sie auch einen Gegenstand – eine Blume, einen Stein, eine Feder – wie im Märchen – der der Schlüssel für Ihr Problem ist.

Grenzen: Schutz, Hilfe und Orientierung

»Erst war ich selbstlos – dann zog ich selbst los« lautet der Titel eines Frauenseminars, auf das ich kürzlich in einer Volkshochschulbroschüre stieß.

Welche Mutter traut sich jedoch, selbst loszuziehen? Lieber opfern wir uns. Ich kenne diese Rolle zu gut und weiß: die Opfer ziehen viel Gewinn aus diesem Part. Indem wir uns aufopfern, üben wir Macht aus und zwingen alle, vor uns in Dankbarkeit zu kriechen und uns bis ans Ende der Tage zu huldigen.

Schützen Sie sich, indem Sie Ihre natürliche Grenze bewahren und Ihren Lieben damit zeigen: ich bin jemand, der Achtung verdient und sich schützen kann. Wenn Sie die Tür nicht schließen können, trampelt jeder bei Ihnen herein. Grenzen sind eine wichtige, unbedingt notwendige Erfahrung, die Kinder für ihre Entwicklung brauchen. Die Grenzen zwischen den Generationen müssen gewahrt werden. Jede hat ihre Aufgaben, ihre Probleme und Lösungen. Wo immer die Grenzen zwischen den Generationen verwischt werden, gibt es ernsthafte Probleme in Familien. Das ist zum Beispiel der Fall, wenn Väter mit ihren Töchtern schlafen oder Mütter ihre Söhne zeitlebens an sich ketten. Grenzen zwischen den Menschen schützen die Eigenständigkeit eines jeden Individuums, helfen, Kräfte zu bewahren und Entwicklungsschritte zu respektieren. Wir sind als Geschöpfe dieses Planeten alle miteinander verbunden. Gerade deshalb ist jeder einzelne so wertvoll mit seinen besonderen Eigenschaften. Und gerade deshalb ergeben sich natürliche Grenzen, die respektiert werden müssen.

Sie kämen wohl kaum auf die Idee, Ihr Kind aus dem Schlaf

zu reißen oder Ihrem Mann die Haare zu schneiden, wenn er Sie nicht darum gebeten hat. Sie würden wohl kaum mit Ihrem Sohn schmusen, wenn er sich wehrt oder Ihre Katze an einer Hundeleine hinter sich her ziehen. Grenzen sind etwas sehr Natürliches. Sie bedeuten auch, Leid, Schmerz und Unzulänglichkeit anzunehmen. Auch Freude, Glück und Liebe haben Grenzen. Achten Sie sie und sorgen Sie dafür, daß Ihre Grenzen beachtet werden. Ihre Kinder müssen erfahren, daß Menschen Würde haben, die geschützt ist und daß sie sich einfügen müssen in Zusammenhänge, die sinnvoll und notwendig sind.

Versuch:
Wenn Sie Schwierigkeiten mit Grenzziehung haben, stellen Sie sich vor, daß Sie strahlen. Umgeben Sie sich mit einem Licht, das Sie einhüllt und schützt.
Ein ätherisches Öl, das hilft, Grenzen zu ziehen, ist Neroli (Orangenblütenessenz).

Über den Tellerrand gucken:
Neue Sichtweisen für alte Probleme

Vielleicht ist es Ihnen auch schon einmal so gegangen: Sie steigen auf einen Turm – und sehen die Stadt Ihrer Kindheit mit anderen Augen. Oder Sie fahren ins Ausland und schauen auf Ihr Land aus der Fremde: es sieht anders aus. Jeder von uns hat gelernt, Probleme auf eine bestimmte Weise zu betrachten. So könnte es zum Beispiel sein, daß eine Mutter immer, wenn ihre Kinder in der Schule Probleme haben, denkt: »Ich kümmere mich zu wenig um sie!« Es könnte jedoch das Gegenteil der Fall sein: Die Mutter kümmert und sorgt sich zu viel. Sie verhindert so, daß die Kinder selbständig werden.

Bei jedem Problem ist es daher sinnvoll, verschiedene Perspektiven einzunehmen. Zum Beispiel die Perspektive Ihres Kindes. Nehmen Sie die Körperhaltung an, die es einnimmt, wenn es von dem Problem erzählt. Versetzen Sie sich ganz in seine Lage, sein Problem und fühlen Sie, wie es ist, dieses Problem zu haben. Möglicherweise bekommen Sie nach dieser Übung eine neue, hilfreiche Idee.

Wenn das Problem mit anderen Menschen zu tun hat: lassen Sie einen Farbfilm vor Ihrem inneren Auge ablaufen, der die beteiligten Personen zeigt, wie sie *anders* mit dem Problem umgehen. So, wie Sie es sich wünschen. Schauen Sie genau hin und beobachten Sie, wie die einzelnen Personen in Ihrem Wunschfilm agieren. Was müßte geschehen, daß es wirklich so eintrifft?

Oder: Beobachten Sie, wie sich Ihr Problem verändert, wenn Sie es von der Zimmerdecke her beobachten. Was geschieht, wenn Sie noch höher fliegen und Sie Ihr ganzes Haus von oben sehen? Wie sieht Ihr Problem aus der Weltraumperspektive aus? Vielleicht haben Sie schon einmal erlebt, wie sehr sich ein Bild verändert, wenn es einen anderen Rahmen erhält. Ob Sie einen rahmenlosen Bildträger, einen breiten Goldrahmen oder einen schlichten Metallrahmen wählen, spielt für das Bild und seine Ausstrahlung eine Rolle.

So ist es auch mit Problemen. Das Problem, einen halben Liter Wasser für eine Suppe zu benötigen, ist bei uns lächerlich. In Gebieten mit versuchtem Trinkwasser rückt es alle anderen Probleme in den Hintergrund. Es wird zur Lebensfrage.

Nehmen wir an, Sie ärgern sich jeden Tag über Ihren Mann, der immer später nach Hause kommt, als er verspricht. Wahrscheinlich sehen Sie das als Unzuverlässigkeit an und Sie fühlen sich als Mensch nicht ernst genommen.

Was würde geschehen, wenn Ihr Mann jeden Tag drei Stunden früher nach Hause käme, weil seine Firma auf Kurzarbeit umgestellt hätte?

Was änderte sich, wenn er arbeitslos wäre und den ganzen Tag im Bett läge?

Was würde passieren, wenn Sie Ihren Mann das nächste Mal, wenn er zu spät kommt, fröhlich mit den Worten begrüßen: »Ich bin so froh, daß Du Deine Arbeit so wichtig nimmst und sie so gewissenhaft ausführst!«

Üben Sie diese Sätze ein, wenn sie zu Ihnen passen und beobachten Sie, was sich verändert!

Nehmen wir einmal an, das unaufgeräumte Zimmer Ihrer Tochter ist Ihnen ein Dorn im Auge. Was würde passieren, wenn Sie sich sagen: »Lieber eine Tochter, die sich in ihrem Zimmer auslebt und erprobt als eine, die mit 15 von zu Hause wegrennt!«

Oder:

»Von meiner Tochter kann ich lernen, fünfe gerade sein zu lassen und Ordnung und Sauberkeit als Werte nicht so wichtig zu nehmen. Danke Tochter, daß Du mir zeigst, was ich bisher nicht so wichtig genommen habe: sich entspannen und das Leben genießen.«

Oder:

»Ich bin neugierig, wie ihre Freunde das finden. Sie sollte öfter Besuch bekommen!«

Nehmen wir mal an, Sie ärgern sich, daß Ihr Sohn ständig bei seinen Freunden ist und kaum noch zu Hause. Wie wäre es, wenn Sie denken: »Wie schön, daß ich einen so kontaktfreudigen und beliebten Sohn habe! Wie hätte ich selber mich entwickelt, wenn ich so frei zu meinen Freundinnen hätte gehen dürfen, als ich in seinem Alter war!«

Vielleicht leiden Sie darunter, daß Ihr Baby so wenig schläft. Was ändert sich in Ihnen, wenn Sie sich sagen: »Ein Glück, daß ich ein so neugieriges, wißbegieriges Kind habe!«

Oder:

»Wieviel würde ich versäumen, wenn es den Tag verschliefe!«

Oder:

»Wie sehr werde ich mich in 20 Jahren nach dieser Zeit, in der mein Kind mich so in Anspruch nahm, zurücksehnen.«

Oder:

»Wie gut, daß es wach ist. So kann ich besser über es wachen. Die Wahrscheinlichkeit für plötzlichen Kindstod ist so geringer.«

Versuch:

Was betrachten Sie als Ihren größten Fehler? (Zum Beispiel: Ich stelle zu wenig Forderungen an andere.)

Welche positiven Seiten hat dieser Fehler?

(Zum Beispiel: Ich bin nachgiebig und tolerant.)

Wie würde Ihr Leben aussehen, wenn Sie diesen Fehler nicht hätten?

(Zum Beispiel: Ich wäre weniger beliebt. Man würde mich mehr fürchten, aber auch Respekt vor mir haben.)

Was würde sich zum Guten ändern, wenn Ihr Verhalten genau ins Gegenteil des Fehlers umschlagen würde?

(Zum Beispiel: Mehr Menschen würden mir Respekt und Achtung entgegenbringen und sich vor mir zusammenreißen. Ich hätte weniger Arbeit und würde nicht immer alles allein tun.)

Welche anderen Möglichkeiten gibt es, die positiven Auswirkungen dieses Teils zu erfüllen?

(Zum Beispiel: Ich könnte mehr Arbeit liegen lassen und in dieser Zeit sportlichen Aktivitäten nachgehen, die mir viel Anerkennung und ein gutes Körpergefühl bringen.)

Kraftquellen und unsichtbare Helfer

Kennen Sie die Heinzelmännchen von Köln und andere gute Geister, die Menschen helfen, wenn sie richtig mit ihnen umgehen? In der Kommune Findhorn in Schottland erblühte auf unfruchtbarem Boden ein herrlicher Garten, weil die Bewirtschafter des Bodens – so ihre Aussagen – mit Naturgeistern in Verbindung traten. Was immer auch dort geschehen sein mag: Wir alle haben Kraftquellen in uns und wir alle können uns helfen lassen. Besonders für gestreßte Mütter ist es wichtig, mit diesen Kräften in Kontakt zu treten. Wie kann das geschehen?

Die folgende Übung will Ihnen etwas über Ihre Wahrnehmung sagen:

Nehmen Sie sich einige Minuten Zeit und achten Sie auf Ihre Wahrnehmung: Was nehmen Sie jetzt – in diesem Moment – wahr?

Haben Sie innere (zum Beispiel Schmerzen an den Schläfen) oder äußere Prozesse (die Blumen stehen auf der Fensterbank) wahrgenommen? Haben Sie wahrgenommen, was Sie sehen, oder innere Bilder, Gedanken, Worte bemerkt? Haben Sie mehr gehört, gesehen oder gefühlt?

Konzentrieren Sie sich jetzt auf die Dinge, die Sie *nicht* wahrgenommen haben. Sagen Sie Sätze wie: »Ich habe die Blumen auf der Fensterbank wahrgenommen und die ungeputzte Scheibe übergangen.«

Auf diese Weise können Sie eine Tatsache, die wir alle gern übersehen, beobachten: Wir nehmen immer nur einen Ausschnitt aus der Realität wahr. Das heißt, die sogenannte Realität ist nichts Feststehendes, sondern mit uns untrennbar verbunden. *Beobachter und beobachteter Gegenstand sind eins.*

Jeder nimmt etwas anderes wahr und das, was wir wahrnehmen, interpretieren wir höchst unterschiedlich. Wenn Sie und ich einen schwarzen Kochtopf wahrnehmen, dann sehen wir beide einen schwarzen Kochtopf. Sie können aber nicht wissen, daß für mich mit dem Kochtopf meine Großmutter auftaucht, daß ich den Eintopf rieche, den sie kochte und ihren Geruch nach Schweiß, daß ich das alles liebte und ihre Stimme höre … Für jemand anders kann dieser Kochtopf Brechreiz auslösen, zum Beispiel wenn die Erinnerung an einen schrecklichen Heimaufenthalt lebendig wird, als er zum Essen gezwungen wurde, die schrille Stimme einer Frau kann »hochkommen«, das Gefühl von Erniedrigung und Qual …

Sie werden jetzt verstehen können, daß die Erinnerung an meine Großmutter mir Kraft gibt. Indem ich ihr freundliches Gesicht vor mir sehe, wird mir warm und wohl und ich spüre, daß ich fast unmerklich zu lächeln beginne …

Jeder hat solche Kraftquellen in sich. Meistens – und gerade in schwierigen Augenblicken – stehen sie uns nicht zur Verfügung. Das kann sich aber ändern, wenn wir üben, uns auf schwierige Situationen vorzubereiten.

Denken Sie jetzt an ein Wesen, von dem Sie glauben, daß es Ihnen helfen könnte. Es kann Ihre verstorbene Mutter, ein Filmstar, eine Märchenfigur, eine Fee, Ihr Freund oder auch Gott sein. Denken Sie jetzt ganz intensiv an dieses Wesen, das Ihnen helfen kann und spüren Sie, wie es hinter Ihnen steht. Wenn Sie es ganz sicher hinter sich fühlen, genießen Sie die Situation. Nun denken Sie an eine sehr schwierige Lage, in die Sie in naher Zukunft geraten könnten und vor der Sie Angst haben. Treten Sie in Gedanken mit

Ihrem unsichtbaren Helfer in die Situation ein. Fühlen Sie, wie Sie, gestärkt durch Ihren Helfer, handeln und die schwierige Situation meistern.

Übrigens: Sie können sich auch mehrere Helfer mitnehmen. Vielleicht brauchen Sie zusätzlich – oder anstelle der Helfer – auch ein wunderbares Licht. Vielleicht ist es ein rotes Licht, mit dem Sie in Ihrer Vorstellung eine Person, die Ihnen sehr kalt vorkommt, wärmen. Vielleicht ist es ein helles Licht, mit dem Sie jemanden blenden, der Ihnen zu nahe kommt. Vielleicht ist es ein Licht mit Heilwirkung, das Sie auf schmerzende Körperteile richten. Probieren Sie aus, welche Art Licht Ihnen hilft und statten Sie sich innerlich damit aus. Wann immer Sie es brauchen, können Sie Ihre Helfer um sich versammeln und sich mit Ihrem wunderbar hilfreichen Licht ausstatten.

Versuch: Schätze einsammeln

Stellen Sie sich in einem Raum eine imaginäre Linie vor oder legen Sie einen Faden auf den Boden. Das eine Ende ist der Zeitpunkt Ihrer Geburt, das andere Ihr Tod. Treten Sie nun an der Stelle auf diese imaginäre Linie, auf der Sie sich Ihrer Meinung nach zur Zeit in Ihrem Leben befinden. Gehen Sie nun von hier sehr langsam schrittweise rückwärts auf den Zeitpunkt Ihrer Geburt zu. Und indem Sie sich diesem Zeitpunkt nähern, sammeln Sie alle Schätze ein, die Sie während Ihres Lebens erhalten haben: alle Situationen, in denen jemand gut zu Ihnen war, alle Erinnerungen an schöne Ferien, an liebe, hilfsbereite Menschen … Konzentrieren Sie sich auf alles Gute und Schöne in Ihrem Leben, so, als ob Sie am Meer nach Bernstein suchen. Spüren Sie, wie jemand freundlich eine Hand auf Sie legte, hören Sie die guten Worte, die Ihnen jemand gesagt hat, spüren Sie die Landschaft, die Ihnen gefiel, die Luft, die Sie so gern geatmet haben ...

Wahrscheinlich werden Sie auch auf Müll oder andere Unannehmlichkeiten stoßen. Legen Sie ihn beiseite. Sagen Sie sich: Heute suche ich meine Schätze. Heben Sie alles Wertvolle auf, bis Sie zum Zeitpunkt Ihrer Geburt kommen. Kehren Sie nun, mit Ihren Schätzen reich beladen, um, schreiten Sie ins Heute – und gehen Sie so gestärkt in den Tag.

Ihre Stärken entdecken

Erinnern Sie sich an eine Situation, in der Sie ganz besonders erfolgreich waren und gehen Sie sie in Gedanken noch einmal durch. Welche Ihrer Eigenschaften, Fähigkeiten und Stärken waren Ihnen behilflich? Welche Ihrer Fähigkeiten haben Ihnen damals geholfen, die Hindernisse zu überwinden?
Nehmen Sie sich einen Moment Zeit und notieren Sie alles, was Sie an sich selbst gut finden. Nehmen Sie sich genügend Zeit, stolz auf sich zu sein und genießen Sie dieses Gefühl.

Diese Aufmerksamkeit, die Sie sich selber schenken, ist Nahrung und Stärkung für Ihre Seele.
Gehen Sie daher mit sich selber wohlwollend um, behandeln Sie sich selber liebevoll und seien Sie stolz auf sich. Entdecken Sie Ihre Stärken und vertrauen Sie, daß Sie auf sie bauen können. Diese Gewißheit gibt Ihnen Kraft, auch stressige Situationen zu bestehen.

V. Rezepte für mögliches Glück

❏ Was Sie wirklich müssen ist sterben. All Ihr Verhalten und Tun beruht auf Entscheidungen. Sie müssen nicht!

❏ Es gibt wichtige und weniger wichtige Dinge in Ihrem Leben. Entscheiden Sie jeden Tag neu, was heute für Sie wichtig ist.

❏ Fügen Sie sich in natürliche Rhythmen. Beobachten Sie Sonne und Mond. Anspannung und Entspannung, Arbeit und Ruhe, Anregung und Schlaf, Freude und Traurigkeit gehören zusammen. Das können Sie auch von Ihrem Kind lernen.

❏ Sie haben Schätze in sich. An Ihre Kraftquellen können Sie sich immer wieder anschließen. Erinnern Sie sich an Ihre Fähigkeiten und Stärken. Akzeptieren Sie Ihre Fehler und Schwächen. Gehen Sie freundlich und liebevoll mit sich um.

❏ Sie sind von lauter Helfern umgeben! Es kommt darauf an, mit ihnen in Kontakt zu treten und sie um Hilfe zu bitten.

❏ Konzentrieren Sie sich auf die guten Eigenschaften Ihrer Mitmenschen und entdecken Sie, was in Ihrer Umgebung schön ist. Beides können Sie nutzen!

❏ Hinterfragen Sie jede Verallgemeinerung. Entdecken Sie, was Sie übersehen haben. Welche Dinge und Verhaltensweisen sind Ihnen entgangen?

❏ Gedanken und Gefühle sind wichtige Signale. Nehmen Sie sie wahr und seien Sie dankbar dafür. Sie allein herrschen über sie. Wenn Sie mit Ihren inneren Problemen nicht zufrieden sind, schalten Sie ruhig um.

❏ Entdecken Sie, daß die besten Mütter unvollkommen sind. Nehmen Sie Fehler bei sich und bei anderen dankbar als Information an: Wenn es an der Zeit ist, etwas zu verändern, sagen Sie sich: Ich habe Lust auf einen kleinen, ersten Schritt.

Literatur

Zu diesem Buch haben alle Mütter beigetragen, mit denen ich mich im Laufe der letzten Jahre unterhalten habe, die mit mir Erfahrungen, Nöte und Ideen teilten. Bei ihnen allen bedanke ich mich herzlich.

Außerdem habe ich aus Büchern viel gelernt. Die für dieses Buch besonders wichtige Literatur habe ich in der folgenden Liste zusammengestellt:

Aroaz, Daniel: Die neue Hypnose. Junfermann Verlag, Paderborn 1989

Austermann, Marianne/Wohlleben, Gesa: Zehn kleine Krabbelfinger. Kösel Verlag, München 1989

Bandler, Richard/Grinder, John: Struktur der Magie. Kommunikation und Veränderung. Junfermann Verlag, Paderborn 1982

Cameron-Bandler, Leslie/Lebeau, Michael: Intelligenz der Gefühle. Grundlagen der »Imperative Self«-Therapie. Junfermann Verlag, Paderborn 1989

Chocron, Daya Sarai: Heilen mit Edelsteinen. Hugendubel Verlag, München 8. Auflage 1992

Dahlke, Rüdiger: Mandalas der Welt, Heyne Verlag, München 1990

Fischer-Rizzi, Susanne: Himmlische Düfte. Aromatherapie: Anwendung wohlriechender Pflanzenessenzen und ihre Wirkung auf Körper und Seele. Hugendubel Verlag, München 8. Auflage 1992

Gauch, Claire: Die Macht der Zärtlichkeit. Wege zur intuitiven Kindermassage. AT Verlag, Aarau 1990

Gordon, Thomas: Familienkonferenz. Heyne Verlag, München 1989

Goulding, Mary: »Kopfbewohner« oder: Wer bestimmt Dein Denken? Wie man die Feindschaft gegen sich selbst mit Spaß und Leichtigkeit in Freundschaft verwandelt. Junfermann Verlag, Paderborn 1988

Hacke, Axel: Der kleine Erziehungsberater. Verlag Antje Kunstmann, München 1992

Hermann, Gisela u.a.: Krippen und Kindergärten in Reggio/Emilia. FIPP Verlag, Berlin

Hirsch, Anna Maria: Wenn Kinder flügge werden. Eltern und Kinder im Ablösungsprozeß. Piper Verlag, München 1991

Jaffé, Dennis T.: Kräfte der Selbstheilung. Klett-Cotta, Stuttgart 3. Auflage 1990

Jørgensen Margot/Schreiner, Peter: Kampfbeziehungen. Wenn Kinder gegen Erwachsene kämpfen: Erklärungen und Lösungen. rororo-TB, Reinbek 1989

Jungk, Robert/Müllert, Norbert R.: Zukunftswerkstätten, Heyne TB, München 1990

Kabat-Zinn, Jon: Gesund und streßfrei durch Meditation. Das große Buch der Selbstheilung. Das grundlegende Übungsprogramm zur Entspannung, Streßreduktion und Aktivierung des Immunsystems. Scherz Verlag, München/Bern 1991

Kitzinger, Sheila: Frauen als Mütter, dtv, München 1983

Preuschoff, Gisela: Guter Hoffnung. Papyrossa Verlag, Köln 1991

dies.: 0 - 3. Alltag mit Kleinkindern. Papyrossa Verlag, Köln 8. Auflage 1993

dies.: 3 - 6. Alltag mit Vorschulkindern. Papyrossa Verlag, Köln 4. Auflage 1991

dies.: 6 - 9. Alltag mit Schulkindern. Papyrossa Verlag, Köln 4. Auflage 1991

Satir, Virgina: Selbstwert und Kommunikation. Pfeiffer Verlag, München 1989

Solter, Aletha: Warum Babys weinen. Kösel-Verlag, München 3. Auflage 1991

Stead, Christine: Aromatherapie. Heilen mit ätherischen Ölen. Econ TB, Düsseldorf 11. Auflage 1992

Stevens, John O.: Die Kunst der Wahrnehmung. Übungen der Gestalt-Therapie. Christian Kaiser Verlag, München 12. Auflage 1991

Twain, Mark: Die Abenteuer des Tom Sawyer. Haffmanns Verlag, Zürich 1989

Ulsamer, Bertold: Erfolgstraining für Manager. Ihr Mentalkurs zur Spitzenleistung. Econ Verlag, Düsseldorf 1992

Weed, Susan S.: Naturheilkunde für schwangere Frauen und Säuglinge. Orlanda Verlag, Berlin 1989

Weidenbach-Janositz, Suse: Die berufstätige Mutter und ihre Probleme im Alltag. Orientierungshilfen. Mosaik Verlag, München 1989

Wilson, Annie/Bek, Lilla: Farbtherapie. Farben als Schlüssel zur Seele und Mittel der Heilung. Scherz Verlag, München/Bern 1988

Worwood, Valerie Ann: Liebesdüfte. Die Sinnlichkeit ätherischer Öle. Goldmann, München 1991